新潮文庫

イチローの流儀

小西慶三著

新潮社版

8663

イチローの流儀　目次

扉写真◐田口有史
地図製作◐ジェイ・マップ

イチローの流儀

I

より高く、より厳しく

真夜中の講演会

自分を磨きたい、という願望に国境はなかった。

二〇〇二年八月二〇日、ナイター後の深夜。ミシガン州デトロイト郊外のステーキハウスでイチローに教えを請《こ》う若者がいた。カルロス・ペーニャ（現レイズ）、当時二五歳。将来のホームラン・キングを期待される左打ち長距離砲である。

マリナーズがデトロイト、クリーブランド、ミネアポリスと五大湖周辺のアメリカン・リーグ中地区三都市を回る遠征中に真夜中の会談は催された。約三週間前、シアトルで行われたタイガース戦のゲーム中、二塁に進んだイチローに一塁手ペーニャがわざわざ出向いて懇願したことで実現したミーティングだった。

「僕はもっと自分の打撃を安定させたい。成績表をみればイチローは今のメジャーでだれよりも安定している。あなたの打撃と野球への取り組みを聞かせてくれないか」

数分で日付が変わりそうな時刻にステーキハウスへ着いた。遅くなることを前もって知らせ、特別に開けておいてもらったレストランにはペーニャの許嫁《いいなずけ》とその母、弟が居合わせていた。そのほかの客はいない。米国人の知人を通訳に、講演会は前菜のスープがやってくる前にはもう始まっていた。

「なぜ、そんなに打てるのか」

ペーニャはテキサス・レンジャーズのファーム時代に一カ月半ほど、歳《とし》の近いアレックス・ロドリゲス（当時レンジャーズ、現在はニューヨーク・ヤンキース。二〇〇七年まで三回MVP）と生活をともにしたことがあった。しかし、ロドリゲスを含め他の選手にそんな単純な問いをぶつけたのは初めてだ。

「去年までテキサスでプレーしていたけど、うちの投手陣がいつもパニックになっていたんだよ」

この前年、イチローは首位打者とシルバースラッガー賞を新人としては初めて同時獲得していた。打率三割五分、二四二安打は、伝説の名選手〝シューレス〟ジョー・ジャクソンが一九一一年に樹立した新人シーズン最多安打記録二三三本を九本も更新する圧倒的な内容だった。

特にレンジャーズ戦では一八試合で八四打数三二安打、対戦打率は三割八分一厘《りん》で九盗塁。ペーニャの元チームメートたちが混乱するのも無理はなかった。

イチローは質問に小さく頷《うなず》き、身ぶりを交えて語り始めた。自分から進んでほかの選手に指導したことは一度もない。だが、こと野球に関しては聞かれたことをはぐらかしたり、うそを言ったりすることはなかった。

「日本の一軍でプレーし始めたときから、審判によってストライクゾーンが違うことに対して、かなり広めの自分だけのストライクゾーンを決めて打つようになった。そうすれば審判によってコールされたりされなかったりという、際《きわ》どいゾーンを無理して打ちにゆき、本来のかたちを崩すことが少なくなる」

ルール上では一定とされるストライクゾーンは審判によって変わるのが現実だった。程度の差はあるがそれは日米で同じと言っていい。一定であるようで一定しないものに惑わされない対策を、イチローはまず説いた。

「それから、ステップしていったときに（バットを構えた両方の）手をしっかり残すこと。内角のボールに詰まることを怖がるとどうしても手が前に出てしまいそうになるが、そうなるとインサイド・アウトのスイングができなくなって変化球に対応できない。だからといって、手を引きすぎてもいけない。あくまでも手をしっかりしたかたちにして残すこと。それと同時に左足のひざが右足ひざの前に出ると体が開いてしまう。これはピッチャーの投球フォームと同じ理屈だが、最後の最後の瞬間まで絶対に体は開いてはいけない。

例えば、左ピッチャーに内角のカーブを投げられたとき、両手を上げて避けようとするのは論外。投手に背中を向け、体を捻《ひね》って避けるのがよいかたち。メジャーで高いアベレージを残す打者はほぼ全員、ボールの内側を叩《たた》き、変化球を待ちながら速球を打てる技術がある」

「変化球が来ることを想定して待ちながら速球にある程度対応できるようになること。佐々木さん（主浩《かずひろ》、当時マリナーズのクローザー）のフォークのように、その球種だけを待っていないとバットに当てられない変化球を、メジャーで好投手と呼ばれる人たちは必ず持っている」

「一日の反省はグラブを磨きながら。昨日試合後に何を食べたか、よく眠れたのか、というところから、実際にゲームが終わるまでに起こったすべてのことをよく振り返って考えてみる」

具体的な説明は続いた。試して、自分なりの感触をつかみ、再びよく考えてまた試す。十分に時間をかけて築いた独自のスタイルについて、出し惜しみすることも、得意げに話すこともなかった。淡々と思うところを語っていた。

「シーズンオフは自分の体が野球をしたくなるまで何もしない。ウエイトトレーニングはたくさん筋肉がついて鏡に写った姿がかっこう良く見えたりする。でも、自分は九五、九六年と何も知らずにウエイトをやって体のかたちが変わってしまい、それまでできていた打撃がしにくくなった。体を大きくしようとすることよりもむしろ走ることが大事。アメリカの選手は日本の選手に比べて明らかに走る量が少ないので下半身の怪我《けが》がすごく多いように思う」

「トレーニングは木と同じ。葉っぱや幹とか、見えている部分よりも根っこが大きいものだし、まずその根っこを大事にしないといけない。オフシーズンにウエイトを一生懸命やって大きくしてもシーズン中にその筋肉を維持できないとあまり意味がない。

野球のシーズンは長い。その長さを基準に体づくりを考えたほうがいいと思う」

デザートとともにカフェ・ラテが運ばれてきた頃、時計の針は三時を指していた。ペーニャの連れの三人は英語をほとんど話さない。許嫁の弟は、既に深い眠りについていた。

ライバルに送った塩

他の選手に教えることをいとわない。それはイチローのメンタリティとこれまで歩んできた道のりをよくあらわす特質だった。

マニュアルに頼らず、自分自身の経験から作り上げたスタイルに絶対の自信がある。たとえそれを他人が真似《まね》したところで、同じような結果とはならないとの思いもある。だが、それよりも向上心を持つ者への共感がイチローを強く動かしていたように見えた。フェアに戦いたい、ともに高い目標を目指して——。言葉にこそ出さなかったが、教えを求めた敵チームの期待株にはそう伝えたかったのではないか。

実はデトロイトでの深夜講演会の一カ月以上前、ウィスコンシン州ミルウォーキーのミラー・パークで開催されたオールスターゲーム（二〇〇二年七月）前日にもイチローの臨時講演会が行われていた。

このときの会場はアメリカン・リーグの三塁側ロッカールーム。生徒はボストン・レッドソックスの主砲マニー・ラミレス。テーマは「カーブを打つときに頭が動くことをどう修正するか」だった。

右打ちと左打ち。中軸打者とリードオフマン。求められる役割も対照的なラミレスとイチローだが、打撃フォームに関しては前足のステップでタイミングを取るという共通点がある。

振り子打法のニックネームが定着していた日本時代ほどではないにしても、イチローは現在でも右足で軽く地面を蹴《け》るようにして足裏を上げるようにする。ラミレスはトン、と左足で地面を叩くようにして浮かす。若干の違いはあるが、インパクトまでの一瞬を調節する方法は大きな流れで同じである。

ラミレスは体に近い球を軸回転を生かして強振し、外寄りの球にはしっかりと踏み込んで流し打った。そして時々、内寄りのボールを十分手元まで引きつけて反対方向（ラミレスの場合は主に右中間）へ強い打球を放つ。

バットが体に巻き付いて出てくるように見えるのは、インサイド・アウトのスイングを完璧《かんぺき》にマスターしているからだった。イチローがデトロイトでペーニャに説いた、フィールドの全方位に強い打球を飛ばす技術をラミレスは完全にものにしていたにもかかわらず、疑問を迷うことなくぶつけてきた。

大リーグでの実績も、経験も自分より上のはずの強打者が、まだ一年と半分しかメジャーでプレーしていない自分に熱心に問い掛けてくる。この情熱はいったい何なのか。一〇年近くプレーした日本のプロ野球生活では記憶にない、新鮮な体験だった。

講師イチローはひょんなところから誕生していた。ラミレスが熱心にアレックス・ロドリゲスと打撃論議を繰り広げていた。本番のゲームを翌日に控え、恒例のホームランダービーが行われた八日夕刻のことだった。イチローのロッカーからわずか数メートルのぽっかり空いたスペースに、二人と彼らを取り巻く数人の選手たちのかたまりがあった。

全体練習がまもなく始まろうか、というひととき。突然、「イチローはどう思うの」と話しかけてきたのはロドリゲスだった。ラミレスの疑問をイチローにバトンタッチするかたちで振りむけてきた。

当時、通訳として同行した末吉英則《すえよしひでのり》・マリナーズ球団スカウトは振り返る。

「そのときの雰囲気はざっくばらんに、という感じでした。オールスターだったのでたまたまいろんなチームの人たちがその場にいましたが、普段どこのチームのロッカーでも日常的に交わされるようなやりとりだったように見えました」

それまでラミレスとロドリゲスの二人を囲んでいた選手の輪が、イチローの参加でひとまわり大きくなったようだった。

質問は二つ。カーブを目で追いかけることで頭が動いてしまうことと、ステップしたときに体が投手方向に突っ込んでしまうこと。カーブに顔がついていってしまうとストライクゾーン高低の変化への対応は難しくなり、ステップしたときに体が投手方向に傾けば緩急をつけられるととたんにもろくなる。

この年五月のマリナーズ戦で本塁に滑り込んだ際に右人さし指を故障。前半四六試合出場にとどまっていたが、この時点でのラミレスの打率は三割四分もあった。素人目にはまずまずの成績だ。だが、そんな表面的な数字にスラッガーは全く満足していなかった。

「英さん（末吉スカウト）に通訳してもらって話していたら、まわりにどんどん人が集まってきて……。あれにはびっくりした」

イチローをさらに驚かせたのはラミレスの執着だった。練習後のシャワールームで再び出くわしたラミレスは、その一時間ほど前に受けたアドバイスの補足をさらに求めてきた。一九九九年に一六五打点でタイトル獲得。一九九八年から二〇〇〇年までの三年間で四三二打点を叩き出したメジャー屈指のポイントゲッターは執拗《しつよう》だった。

「日本にいたときも僕よりずっと若くてキャリアのない選手がいろいろと聞いてくることはありました。でも、ある程度キャリアを積んだ選手となると誰もいなかった。こちらではロベルト・アロマー（二〇〇五年までタンパベイ・デビルレイズ。過去トロント・ブルージェイズ、クリーブランド・インディアンスなど大リーグ一七年間で二〇〇四年まで通算二七二四安打）みたいにもう三〇〇〇本近く打っている人でも僕にいろいろと聞いてきた。この違いはいったい何なのか」

教える側に立ちながらも、イチローは何かを教えられた気がしていたのではないか。他人に教えを請《こ》う、ということは、自信がなければ簡単でない。たった一年半しかメジャー経験のない自分に実績十分の強打者も、さあこれからという新鋭もアグレッシブに食らい付いてきた。誰もが少しでも上を目指そうとしていた。

講師イチローはこの年、前半戦終了時点で三割五分七厘、打率ベスト10の2位につけていた。二〇〇一年、日米を通じて八季連続の首位打者を獲得した男は二〇〇二年、前年より約一カ月早い五月二六日時点でいったん打率首位に立っていた。この頃、既に気の早い日米のファンや球界関係者の中から九季連続首位打者間違いなしの声が聞こえていた。

「ステップしたときに体が突っ込んでも別に構わない。体が前に出たとしても（グリップ部分の）手が後ろに残っていればいい。それでも気になるのであれば、軸足の向きを少し変えてみてはどうか」

そう助言されたラミレスは後半戦七四試合を三割五分四厘と盛り返し、イチローを抜き去った。ラミレスにとってメジャー一〇年目で初めて手にした首位打者タイトルだ。一九九四年からのイチローの連続首位打者記録は止まった。結果的に、彼の行為はライバルに塩を送ったことになる。だが、そのことを後悔はしなかった。

「自分がアドバイスした通りにラミレスがやって、それで結果が出れば嬉《うれ》しいじゃないですか。僕もアドバイスで言ったことを同じようにやってきた。自分の考えていたことがそれで正しかった、ということになる」

真摯《しんし》に野球に取り組む気持ちを共有できている、との喜びがあった。自分の仕事に情熱を注ぐ人間同士が互いの力を認め、素直に賞賛し合える関係をかつて日本で感じたことはなかった。オリックス時代、イチローが求めるレベルが高すぎたこともあったのかも知れないが、私はそれだけが理由と思わない。新天地メジャーリーグに根付くフェアプレーの精神が、ラミレスやペーニャの熱意に現れているように見えた。

少なくとも彼らは等身大の自分を見つめ、常に前を向いて進むもの同士だった。教える側も、教えられる側も本音でぶつかっていた。二〇〇二年アメリカン・リーグ首位打者争いの舞台裏。ひょっとしてターニングポイントだったかもしれない臨時講演会の根底に、すがすがしい流れがあった。

常に可能性を探る姿勢

二〇〇二年の夏、イチローもこのときのオールスターで半年以上も疑問に思っていたことを聞いていた。

相手はデレク・ジーター。その前年のポストシーズンでジーターが演じたあるプレーについて質問した。

二〇〇三年シーズン途中から名門ニューヨーク・ヤンキースの第一一代目主将。一九九〇年代後半からいまに至るヤンキース黄金時代は、ジーターの歩みそのものと言っていい。一九九六年から二〇〇五年まで一〇年連続プレーオフ出場、世界一には四度。かつて歌手のマライア・キャリーや女優ジェシカ・アルバと交際が噂《うわさ》されたハンサムな大型遊撃手は、一九九六年にレギュラー獲得以後ずっと常勝軍団の中心で機能してきた。

ジーターの一番の武器は野球センスと称されるカンのよさだろう。状況判断と対応力の絶妙のコンビネーションとも言い換えられる。これまで獲得した主なタイトルは一九九六年に新人王、二〇〇四年、二〇〇五年に遊撃手のゴールド・グラブ賞の三つだけ。年俸二〇億円を超す超高給取りにしては少々物足りないが、数字に表れにくいその持ち味が集約されていたのは二〇〇一年プレーオフでの伝説的な中継プレーだった。

オークランドで行なわれたアメリカン・リーグ地区シリーズ第三戦。三つ先に勝てば次のリーグ優勝決定戦進出が決まる戦いで、王手をかけていたのがオークランド・アスレチックスだった。

崖《がけ》っぷちのヤンキースが五回、ホルヘ・ポサダ捕手のソロ本塁打で1―0と先行して迎えた七回裏アスレチックスの攻撃。二死一塁でテレンス・ロングがマイク・ムシーナから一塁線を破る痛烈なラインドライブを放った。

2アウトだったため一塁走者ジェレミー・ジアンビ（現アスレチックス一塁手のジェーソン・ジアンビの弟）は打球が飛んだ瞬間には既にスタートを切っていた。打球処理に当たった右翼手シェーン・スペンサーの必死の返球が逸《そ》れる。球場のだれもが同点を意識したとき、信じられないことが起こった。

遊撃の位置からするするとマウンドを横切り、一塁ベンチ方向へ走りこんできたジーターがファーストベースライン付近で返球をカット、バックトスで捕手ポサダに放ったのだ。まさかのプレーに驚いたわけではないだろうが、ホームに滑り込まず走り抜けようとしたジアンビはあっけなくタッチアウトとなった。そしてそのままヤンキースが最小リードを守り切り、第四、五戦もその勢いでものにしてしまった。反撃の転機になったのはジーターのとっさの判断に違いなかった。

「なぜ、あそこであんなカットプレーができたのか？」

ジーターからの返答は、「ヤンキースはキャンプからああいう場面を想定して練習している」だった。

「本当は一塁手がカットしていたはずの送球をさらにカットし、打者走者のロングを三塁でアウトにするつもりだったんだ」

私にとっては、ジーターの回答が本当だったのかどうか、今となれば少し疑問がわくところである。というのも、二〇〇二年以降のヤンキースは細かいミスを打線の爆発力で補う、典型的な打高投低のチームだったからだ。その後数年間のヤンキースの守備はお世辞にも上手《うま》いとは言えないものであった。二〇〇五年プレーオフではエンゼルスとの地区シリーズ五試合で七失策と守りから崩れて早々とシーズンを終えている。

いくらキャンプの全体練習でこなしていたとしても、セオリーを超越した一瞬の動きが大事な局面で自然に出るのはごく限られた選手だけだろう。スター遊撃手の創造的なプレーはいまも半分ミステリーに包まれたままだ。それでもこの時、イチローは「常に可能性を探っている」ジーターの姿勢に共感していたようだった。

大リーグ一年目の終盤、「だれが最も自分に近いタイプの選手か」と問われたイチローが、ジーターの名前を挙げたことがある。その理由は「(打撃の際、グリップの)手が遅れて出てくる」ことと、「相手として何を仕掛けられるか分からない嫌らしさ」だった。

敵に回して「何を仕掛けられるか分からない嫌らしさ」は、自分の側から見て「常に可能性を探っている」姿勢とかぶる。この姿勢こそ、イチローがベースボールの最高峰で極めたいと思っていたことだと私は理解している。

野球に限らず、何かひとつのことを極めようとすれば創造力は必須《ひっす》である。常識の枠にとらわれていては頂点には登れない。

イチローは日ごろから非常に細かいことまでよく考え、ベストプランを実行に移すために何をすればいいのかを探っている。彼が戦った大リーグでのこれまで五年間は、すべてその連続だった。

メジャーのレベルとは

一九九四年オフ、野茂英雄《ひでお》が海を渡り、その二年後に長谷川滋利《はせがわしげとし》が続いた。それ以後はほぼ毎年のように北米各地で日本人メジャーリーガーが誕生している。

初めてMLB（メジャーリーグベースボール）でプレーした日本人は一九六四から六五年にかけサンフランシスコ・ジャイアンツに所属した村上雅則《まさのり》（元南海ホークス）だが、有力プロ野球選手がこぞって米国を目指す風潮は野茂がつくった。

一九九七年には伊良部秀輝《いらぶひでき》、二〇〇〇年には佐々木主浩。そして二〇〇一年にはイチローが日本を飛び出し、二〇〇三年には松井秀喜《ひでき》が彼らの後を追った。そして二〇〇五年オフには城島健司のマリナーズ入団が決まった。

プロ野球を代表する先発ピッチャーとクローザー、そしてオールラウンドプレーヤーとホームラン打者、さらには現役捕手の第一人者。主だった日本野球の顔がベースボールの本場でプレーすることになり、ＭＬＢそのものが日本のファンにはぐっと身近なものになった。

大リーグ野球の飛躍的な露出増加に伴い、愛好家や元選手、野球関係者による評論は増えた。「最近の大リーグはレベルが落ちた」。そんな声も聞かれるようになってきた。

一九六〇年代からＭＬＢは球団拡張戦略を推し進め、それ以降の約四〇年で球団数は一六から三〇へと倍増した。球団数が増えた分だけ、それまで高かったメジャー昇格のハードルが下がったというのがそれらの意見の後ろ盾である。

そんな一部識者の意見に、イチローは疑問を投げかけた。

「チームが増えて、その分選手が必要だからマイナークラスの選手にもチャンスが広がる。そんなことは実際のプレーを見なくても誰だって想像できる」

チーム数の増減で競技レベルの盛衰を推し量るというが、中南米、アジア出身選手たちの台頭に象徴されるように競技人口の裾野《すその》はむしろ拡大している。

確かに、NFL（ナショナル・フットボール・リーグ）やNBA（ナショナル・バスケットボール・アソシエーション）の急成長があり、かつてナショナル・パスタイム（国民の娯楽）と言われたメジャーリーグ野球への相対的な関心度は下がった。

とはいえ、現在のMLBはアメリカ以外の出身選手が全体の約四割に達している。人材の獲得網は四〇年前とは比較にならないほど広がり、その育成方法も高度に整ってきた。競技参加人口増加も含め、競争は激化している可能性すらある。

プロの野球選手人口は独立リーグも併せると日本とは比較にならない。競争が激しければ激しいほど、そのなかでもまれるタレントのレベルは上がっていく、とは考えないのだろうか。

だが、イチローが抵抗を覚えていたのは、高みの見物にも似た、未経験者の推測だったのではないか。「自分の肌で昔のメジャーを知っている人ならそういう軽いことは言わないもの」。まず自分でやってみてからでなければ軽々しく語るべきではない。これは彼の言動に一貫している姿勢である。

「日本の野球がメジャーに追いついてきた、という人がよくいますが、それだけこっちの野球を見る回数が増えたということなのでしょう。そういうことを軽く口にしてしまう人たちは今まで頭の中で描いていたメジャーリーグがあまりにも大きすぎたのだと思う。それが情報が増えたことによって、大きすぎるイメージが普通に戻ってきただけではないですか。それまでならこっちでは怪獣が野球をしている、というイメージが、やっと同じ人間がやっているというところまできた。レベルが下がった、と言う人たちは、ただ彼らの頭の中で勝手にイメージを膨《ふく》らませていただけなのではないかな。本当の差はそんなに大きく変わっていないのではないですか」

三年間、第一線で戦ってきた率直な感想を述べたのは二〇〇三年オフだった。

「見る側も、本格的にメジャーの野球を見始めて何年も経《た》っていない。見る側にもまだ歴史がないんですよ。でも、本当は無理なことなのに何か評価を下さないといけない。比較するものがないから正当な評価をすることは今の誰にもできない。日本人の野手がやっと全体で二、三人でしょう？　だから、今は回り道の途中だと考えればどんな評価も仕方がないし、どんな評価だって考えられる。実際に自分の目で試合そのものを見ている人が圧倒的に少ないのですから」

これらの発言から既に数年が経過した。その間、様々なことが起こったがメジャーと日本プロ野球の距離はまだ劇的に近づいたわけではないだろう。

「メジャーに行く前は、〝この部分なら通用するんじゃないか〟と、どうしても自分で思おうとしてしまうものなんです。僕が感じるのは〝メジャーなんてたいしたことないよ〟と一部分だけで判断する人たちこそ、本音では〝そう思いたい〟ということなんだと思う。でも、それは逆の見方をすると心の底に畏《おそ》れがあるからなんです。実際にプレーしないとそういう畏れを感じる機会はない。これからもっとたくさん日本人が来て、なかなか思うようにいかないことがあって、やっとみんなにメジャーの凄《すご》さが分かってもらえるようになるんだろうね」

日本にいた頃は名前も聞いたことがないような若い投手が目前で一六三キロをマークしたことが何度かあった。

二〇〇一年九月三日、シアトルでのデビルレイズ戦。当時二三歳のヘスス・コロメがジョン・オルルード（二〇〇五年までレッドソックス）に投じた快速球に興奮した。

「すごいよね。全然知らないピッチャーがあんな球投げるんだから」

メジャーの凄みを心に刻み込んだシーンはいくつもある。だが、野球の本場の分厚い選手層や彼らの潜在能力以上に強くイチローの心を打ったのは、米国でプレーする選手たちの心意気だったように思う。

メジャーデビューを直前に控えていた二〇〇一年のスプリングキャンプ。日本のスーパースターに気迫むき出しで向かってきたマイナーリーグのピッチャーたちを、今もイチローは忘れていない。若い無名投手たちがほとばしらせていたのはいわゆる〝気合い〟だった。勝負の原点となる気持ちの強さが、それまで過ごした日本時代との大きな違いだった。

「球に気持ちが入っているからこっちも気持ちを入れていかないと打てなかった。日本の若いピッチャーにそんな気持ちにさせられたことはなかったですから」

志の大きい好敵手

何ごとにも合理的な考えが幅を利《き》かすアメリカで、イチローが気合いや心意気、気迫といったメンタル面のたくましさを意識する機会が増えている。ライバルたちが発散する侠気《おとこぎ》は強烈で、イチローの負けん気を刺激した。

気概と気概が激突した、と私が感じた一瞬がある。それは二〇〇四年九月二八日、オークランドでのナイトゲーム。ジョージ・シスラーの年間最多安打記録更新まであと四本に迫っていたイチローが、アスレチックスのエース右腕、ティム・ハドソンの背中に弾丸ライナーを打ち込んだ時だった。

二回、三点をマリナーズがリードした場面で迎えた二打席目。カウント1―2から放った強烈な打球が、投球動作を終えた直後のハドソンを襲った。硬球が肉にめり込む鈍い音が、グラウンドから四階も上に設置されたプレスボックスまで聞こえた。イチローとさほど変わらぬ一八三センチ、七六キロ。細身のエースの背中左上部を直撃したボールが大きく跳ね、遊撃正面に転がった。この年新人王のボビー・クロスビーが一塁へクイックスロー。間一髪でアウトとなったイチローだが、その後何事もなかったように振る舞ったハドソンには友情にも似た感情を覚えていたようだ。試合後のコメントはやけにハドソンに肩入れしているようで、私の印象に残るものだった。

「あれはハドソンの意地。彼の気持ちはよく分かる。彼と僕はよく似ている」

一塁ベンチからものすごい勢いで飛び出してきたトレーナーとケン・モッカ監督(元中日ドラゴンズ内野手)を右手で制し、ハドソンは平然としていた。並の投手ならのたうちまわってもおかしくないアクシデントを、強固なプライドで封じているように見えた。その姿にイチローは心を動かされたようだった。

ハドソンは二〇〇〇年のアメリカン・リーグ最多勝投手。二〇〇一年開幕戦で、イチローがメジャー公式戦で初めて対戦したピッチャーだった。「あんなピッチャー見たことない」と当時三打席を完璧《かんぺき》に抑え込まれてコメントした。

ストレートの最速は一五〇キロを少し超す程度だが、その直球が実によく動き、イチローによると「めっちゃ汚いボール」なのだという。威力十分のムービングファストボールを自在に操るだけでなく、フォークボール、チェンジアップの制球も抜群だった。

試合を通じ、ストライクゾーンの低め半分、打者のひざより下のゾーンにしかボールが来ないときがある。空振りを奪うことよりもバットの芯《しん》を外してゴロを打たせる、メジャーでは最も一発を食うリスクの少ない投手の一人だった。

「チームの勝敗とは別の次元で、僕の技術を上げてくれるピッチャーだった」とイチローはハドソンについて語った。二〇〇一年からの四年間で最も対戦回数が多かった。通算六一打数一四安打、一本塁打。メジャーでの通算打率はトッド・ヘルトン（コロラド・ロッキーズ）に次いで現役二位（三割三分二厘《りん》、二〇〇五年終了時、規定打席三〇〇〇以上）のイチローが、五〇打席以上も対戦して二割三分と大苦戦していた。二〇〇四年はやっと一五打数六安打。四年目で初めて一試合で二安打するところまできた。

さあこれから、という時にショッキングなニュースが舞い込んだ。二〇〇五年初頭のことだった。

アスレチックスは二〇〇五年シーズンの終わりにフリーエージェントとなるはずだったエースをアトランタ・ブレーブスに放出した。球団財政の苦しいアスレチックスの、引き止め資金の目途が立たないことを見越した苦肉のトレードだった。

「ショックでしたよ。去年（二〇〇四年）のオールスターで初めて一緒になって、コミュニケーションも少しですが取れるようになっていた。これからもっとお互いを意識しながら対戦できると思っていたのに……。彼のように、打者としての僕の可能性を上げてくれる、という意識を持たせてくれるピッチャーはそんなにいない。ハドソンには、技術だけでは対応できない、志の大きさのようなものがありましたから」

二〇〇五年四月二一日、アスレチックスとの公式戦初顔合わせだった二連戦が終わり、「ハドソンがいないことは大きい。想像していた通りの気分です」と寂しげに言った。

自分にとっても、チームにとっても同一地区強豪球団の主軸投手が抜けたことは勝ち負けだけを考えれば大いにプラスである。でも、イチローは決してそう考えない。

厳しい道を通ってこそ克服の喜びは大きい、と感じるのが彼なのだった。

イチローがプロ野球での安定を捨て、日本を飛び出した大きな理由のひとつには「フェアに戦いたい」という大志があった。本当の意味での正々堂々が、ハドソンやラミレス、ペーニャの態度に溢《あふ》れていた。

やると決めたからには徹底的に、それも真正面から——。そんな生き方を強く指向する男は、日本にいた頃に受けた中途半端《はんぱ》な対抗策にほとほと嫌気がさしていた。ハドソンに抱いたライバル心を感じさせるピッチャーは「松坂（西武）だったり、リーグは違うけど上原（巨人）だったり、いい時の黒木（知宏《ともひろ》、ロッテ）だったり」というにはいたがあくまでも少数派だった。

オリックス時代の後半、手がつけられないイチローを抑えようと、打席のインパクトの瞬間に相手キャッチャーが「ワーッ」と突然大声で叫んで撹乱《かくらん》しようとしたことがある。オリックス投手陣に報復投球の意識が薄いことを逆手に取り、内角攻めとは程遠いような危険球を続けられたこともあった。今では完璧にボークとコールされるであろう、二段モーションならぬ三段モーションでタイミングをずらそうとしたピッチャーもいた。プロとしての誇りや意識の高さを彼らに感じることは到底できなかった。

ハドソンから伝わってきたのは、プロとしての気概だった。

ラミレスやロベルト・アロマーには本物の自信とは何かと考えさせられた。カルロス・ペーニャに教えられたのは向上へのあくなき情熱だった。

ペーニャはその後、レイズの中軸打者へと成長した。途中、故障やマイナー契約があった。試練を乗り越えての遅い開花だったが、あのデトロイトの夜の教訓は生きたのか。いつか機会があれば、ゆっくりと聞いてみたい。

II

期待と重圧に包まれて

笑わない男

二〇〇五年からマリナーズ広報部・副部長となったウォーレン・ミラー(現サンディエゴ・パドレス広報部長)は新しい職場で、ある疑問を感じていた。

それは、やり過ごそうと思えばやり過ごせる小さな疑問でもあったが、頭の片隅にこびりついて離れない。小さな謎《なぞ》は、ロッカールームでのある光景が出発点だった。

「なぜイチローは、チームが勝った試合の後でも嬉《うれ》しそうな顔をしないのか?」

公式戦開幕直後のある一日。マリナーズは快勝し、セーフコ・フィールドのクラブハウスには大音量のロックが響いていた。缶ビールを片手にした選手が顔見知りのレポーターと軽口を交わし、その日のヒーローのジョークに取り囲んだ新聞記者たちが沸《わ》く。ここまではどこのチームでも見慣れた勝利の後のワンシーンだろう。

しかし、イチローのロッカー前だけは別世界の空気が漂っているのだ。周囲の騒ぎを冷ややかに見ているふうでもなければ、一人しらけているわけでもない。ただ、喜んだりはしゃいだりとは無縁の淡々とした空気がロッカー前の小さな空間を占領していた。

ロッカーに向かって椅子《いす》に座り、アンダーシャツのままでしばらく何かを考える。黙考が終わると自らのグラブを手に取り、丹念に磨く。そして小さな棒器具を使って足裏を自らマッサージした後にシャワー。ウォーレンの疑問が芽生えて数試合が経過したが、勝っても負けてもそのパターンはほとんど変わらなかった。そして一種近寄りがたいその雰囲気も。

儀式にも似たその行動は毎日のように繰り返された。新任広報副部長の謎がやっと解けたのは、イチローがこれまでにたどってきた環境を関係者に伝え聞いてからであった。

人気のないチームにありながら、球界では飛び抜けた存在として君臨してきた。それが一九九四年から七年間、日本プロ野球界でのイチローだった。

オリックス・ブルーウェーブが全国的な知名度を飛躍的に上げたのは、年間安打のプロ野球記録を彼が更新した九四年だった。阪神大震災の発生した九五年には、チームは復興キャンペーンのシンボルとして前半戦に優勝マジックナンバーが出るという快進撃。そのまま独走でリーグ優勝を果たし、翌年の九六年には長嶋《ながしま》巨人を撃破して日本一となった。野球選手イチローが一気にスターダムに駆け上がった三年間だった。

その間、ブルーウェーブは阪神タイガースや巨人といった全国区の人気チームに匹敵する注目度だった。仰木《おうぎ》彬《あきら》監督の選手それぞれの個性を生かす方針と自由で新しいイメージが、それまでどちらかというと年配向けの娯楽だったプロ野球に新鮮な風を吹き込んでいた。

新生ブルーウェーブの象徴は少年の面影を色濃く残したままのイチローである。圧倒的なスピード感と記録ラッシュが二〇歳の青年を表舞台へ押し上げた。九四年の年間最多安打ではそれまでのプロ野球記録を一九本も更新した。九五年には連続首位打者と打点、盗塁タイトルの同時獲得。二年目のジンクスなど無縁の大暴れだった。九六年にも三たび首位打者。九四年から三年連続リーグMVP（最優秀選手）は山田久志（阪急）以来史上二人目の快挙だった。

その後、日本での首位打者タイトルは二〇〇〇年まで伸びる。七年連続首位打者はそれまでの四年連続（張本勲《いさお》、東映）を三シーズンも更新する偉業であり、首位打者タイトル七度は最多タイ。これもプロ野球通算安打記録保持者・張本勲と並ぶスケールの大きさだ。日本プロ野球の安打製造機で広角打法の先駆者、張本が一五年かかって築いた偉大な記録（一九五九年入団、七四年に七度目の首位打者）に、まだあどけなさの残る青年がレギュラー定着後七年で追いついたのだ。特にその最初の三年間の勢いは凄《すさ》まじいのひと言だった。

数え切れない記録のほかにも相手チームの選手、コーチ陣ら玄人筋《くろうとすじ》を唸《うな》らせる好守、好走塁を連発した。注目されたのはゲームの中だけではない。試合前の外野ノックでは背中にグラブを回して捕球する背面キャッチが話題になった。本拠地グリーンスタジアム神戸（現スカイマークスタジアム）だけでなく、遠征先の球場でも右翼席から埋まっていくという現象が、九〇年代中盤以降のイチローとオリックスが置かれた状況をよく表していた。

イチローのグラウンドでの暴れぶりもすごかったが、野球ファン以外の目も引きつけたのは個性的な言動だった。ほっそりした体型は野球選手と言うよりもテニスプレーヤーのようだった。なで肩と大きなお尻《しり》、ゴルフウエアにブランドもののポーチ、派手めのネックレス……がそれまでのプロ野球選手の定番ファッション。いささか没個性的で、オジサンくさい雰囲気を漂わす先輩、同僚らが多い中で、Tシャツとジーンズを好むイチローは服装からして異色だった。

試合後のインタビューでは、通りいっぺんの「頑張ります」「応援よろしくお願いします」は口にしなかった。厳しい上下関係が支配するプロ野球の世界で、人と違う考え方、行動を誇らしげに語った。プレーも思考も、強い個性を訴えかけてイチローは野球界の枠を超える人気者となった。

プレッシャーとモチベーション

しかし、奇跡のような大ブレークも、常に話題の中心であり続けることは不可能だった。

九七年から四年間、地味球団に訪れたまれなブームの反動とも言える、閑散の時代が訪れた。オリックスは九六年の一七九万六〇〇〇人で球団最多観客動員を記録し、前身の阪急時代も含めて初めてお隣の超人気球団、阪神タイガースのそれを上回った。

だが、この年をピークとし、翌年から見る見る客足が引いていった。まばらな客席でひとかたまりの応援団が奏《かな》でる弱々しい笛太鼓。パ・リーグならではのわびしい情景が戻ってきた。

一九九七年以降の、ひとりひとりお客さんが数えられそうなほど空《す》いていたグリーンスタジアム神戸でプレーする気持ちを、イチローはこう語っている。

「優勝した後、チームがどんどん弱くなっていった。それからは自分のモチベーションをどうやって保つのかが最大のテーマでした。そこで考えたのは、外的な要因のプレッシャーを感じているとモチベーションは保てなくなるということ。モチベーションが自分の中から生まれていればある程度保てるのではないか、と」

プロ野球選手の理想的環境はチームが常に優勝争いに加わり、多数のファンのサポートを受けることが並行する状況である。だが、この頃のチームは新旧戦力の入れ代わり期にあり、そこで安定した戦力を維持することに失敗した。九七年、終盤の失速で西武の逆転優勝を許した後のオリックスは凋落《ちょうらく》の一途だった。

それはイチローが一人で背負う責任ではなかったが、極端な注目度の低下は彼にプロとしての姿勢についての発想変換を強いることになった。見られることを励みにプレーすることはできない。チームの勝敗や人が見ている、見ていないにかかわらず気持ちを切らさないことは、いわば苦境から生まれた処し方だった。

「お客さんがたくさん入っていればモチベーションが高まることはあるけれど、そういうふうに見ている人から与えられる重圧ばかりを感じてしまうと自分の中の価値観そのものがそこにフォーカスしてしまう可能性が出てくる。それで本当に強い自分をつくることができるのか、というと、僕は疑問を感じますね。例えば、自分がいいフィーリングをつかんでいなくてもほかの人からすごい、と言ってもらえれば（自分以外のところからプレッシャーを感じている人なら）自分もそう思ってしまうのではないか、と。僕にはほかの人がそう言っているからそれでいいとは思えないし、思わない。あくまでも自分がどう感じるのかが大事だから」

失敗のスポーツで「打って当たり前」

お客さんの拍手と野球選手の関係は、花に水をやるのと似ているかもしれない。好プレーに喝采《かっさい》があり、さらに選手は乗っていく。二〇代の伸び盛りではなおさら熱い声援が発奮材料となるだろう。観客の拍手に勇気づけられ、励まされるのは現在のイチローにとっても変わらないことである。しかし、最もプロとしての力量をつけていく時期にそうならなかった。この頃の彼ほど、ファンからの敬意と直接球場で受ける賞賛にギャップがあった存在はいなかったと思う。

オールスターでは九五年から六季連続で最多票を獲得した。日本の球宴には九四年から七年連続で出場し、その間に集めた票は六三〇万近い。これは同時期に松井秀喜《ひでき》が獲得した票の一・五倍以上に当たる。巨人ファンの大票田を考えればそれは驚異的な支持率だった。

九八年を除く五年間は二位以下に二〇万票以上の大差をつけた。日本のオールスター出場選手では初めて得票一〇〇万突破を記録するなど、だれもが認める超人気者。だが、そのスーパースター目当てに球場へわざわざ足を運ぶ観客は九七年以降減り続けたのだった。

日本にいた頃のイチローを、けた違いの存在とする認識は一般に浸透していただろう。だが、実際にそのプレーを見たことがある人は少なかったのではないか。九四年からの約三年間をイチロー人気の第一次ブームだとすれば、新人ながらリーグMVP、首位打者を獲得し、マリナーズがシーズン史上最多勝利タイを記録した二〇〇一年は第二次ブームに当たる。

第二次ブームではほぼ全試合が衛星放送中継され、この年に初めて日本のファンはイチローのプレーをほぼ毎日のようにテレビで見ることができるようになった。二〇〇一年の第二次ブレークは、あらためて「イチローってこんなに凄《すご》かったの？」との思いを抱いた大勢が支えていた感があった。

話が少し逸《そ》れたが、客席が寂しくなる一方で、ちょっとでも不調が続くと「どうしたイチロー？」との見出しが新聞に躍るようになったのも九七年以降だった。「失敗のスポーツ」とも言われる野球、特に一〇打席で三度ヒットを打てば一流とみなされる打撃で「イチローなら打って当たり前」と言われ始めたのだ。

実績が積み重なれば積み重なるほど、「打って当たり前」という空気は強くなった。スタートが華々しすぎたことも影響していたのかも知れない。苦労を見せることを嫌う性格にも理由はあっただろう。人目を引く華麗なプレースタイルの半面、その準備を明かそうとしない姿勢はスポーツ新聞の一面には不向きだった。同じ頃にお隣の人気球団、阪神タイガースの新庄剛志《つよし》が何をやっても取り上げられたのとは対照的だ。

いろんな理由が重なり合って、何をやっても驚かれない、という不条理は形成されていった。人気を実感することが難しい環境が長く続く状態にありながらトップであり続ける。そのジレンマは、イチローが「まずは自分がどう感じるか」に最大の指針を置く要因のひとつになった。

超ハイレベルの数字を残し続けなければ忘れ去られてしまうのではないか。焦燥感にも近い重圧に拍車をかけたのは、九五年初めから九九年シーズン序盤までの数年間が、自分の打撃技術そのものに確固とした答を見いだせていなかった時期と重なっていたことだろう。持ち味である柔らかさを忘れ、急な肉体改造や打撃フォームの変更が短いスパンで何度も繰り返された時期でもあった。

「なぜそういう結果になったのか、その理由がしっかりつかめていないのに結果が出る。その反対に、結果が出ていなくても、なぜそうなったのかが分かっている。その二つは全然意味が違うんです。ちゃんと原因が自分でも分かっていれば、結果はいずれ出るようになる。そういう意味で、あの頃の自分は大変なスランプだった。幸運にも結果が出ていただけで、それがなければそのまま一発屋で消えていたと思う」

イチローは後にそう語った。

いくつも重なった彼の苦悩を知る人はほとんどいなかった。それなのに自分以外の人間から発せられる情報や、手ごたえがないまま残る実績でイメージがつくられ、本当の自分とはかけ離れたステレオタイプが形成されていった。

当時、メディアの常套句《じょうとうく》だったのは「イチローは天才」。その頃は私も安易にこのフレーズを使っていた一人だったが、最上級の称号こそ最も残酷なひと言だった。イチローの「まずは自分がどう感じるか」の信念は、一瞬でも気を抜けば激流にさらわれ消えてしまいそうになる状況でつかんだ命綱だったのだ。

周囲からの要求は無限大。反比例して下がる一方の関心とチーム状態の狭間に、巨大な重圧が生まれていた。わずかな失敗も許されない空気なのに、ファンの驚きや賞賛というかたちの成功報酬は不釣り合いなほど見込めない。不人気チームにいながら、一人だけあまりにも高い頂《いただき》に立つ、といういびつな状況が生んだ特殊なプレッシャーだった。

松井秀喜の注目度

渡米直後の二〇〇一年一月、シアトルで自主トレーニング中のイチローにこんな問いをぶつけたことがある。

日本球界のスタンダードから一人かけ離れたレベルの成績を残してきた自分が大リーグで活躍することが、日本球界のこれからの発展に直接つながることになると思うのか。それとも、それは単にイチローという選手のパフォーマンス向上ということに完結するのか。

「それは僕をどうとらえるかによる、と思う。これまで僕が日本で何かを成し遂げたとき、〝あいつは特別だからあんな凄いことができたんだ〟という言われ方をすることが多かった。もし、まだそういうふうに思っている人が多いならば、僕がメジャーで何かをすることで何らかの影響を与えることはできない」

明らかに、天才と言われ続けたことへの抵抗がうかがえた。個性的な打撃フォーム、グラウンド外での言動はともかくとして、ひとつひとつのプレーは毎日の地道な準備と鍛錬の積み重ねから生まれたものだ。高みに登るほど増えた苦労を〝あいつは天才〟のひと言で片付けられた悔しさにも聞こえた。

「でも、僕のことを同じ生身の人間として考えてくれるなら別。たとえ人と違う何かを持っていたとしても〝それは微々たる差である。イチローも同じ人間なんだ〟と思ってくれる人が多いならば、僕が何かをやることで影響を与えることは十分に可能だと思っています」

イチローなら打って当然。そのひと言にずっと苦しみもがいていた。そんな背景を心にとめて、ファンは彼の現在、過去の言動を理解すべきだ。

人気チームの主力であり続けること、常勝を半ば義務付けられたチームで戦うことは大きな重圧が伴うものだとメディアは謳《うた》う。しかし、仮にそうだとしても、そのプレッシャーに打ち勝ったあかつきには相応の報酬を受けることができる、いいじゃないか、と私は考えてしまう。少なくとも、イチローのように寂しい観客席を眺めながら「自分のなかのモチベーションをどう保っていくのか」に思い悩むことはなかっただろう。

その意味で言うと、二〇〇二年オフの松井秀喜ヤンキース入団とそれ以後の現象に私は複雑な気持ちを抱かざるを得なかった。まず初めには、松井が巨人からフリーエージェントでニューヨーク・ヤンキースに移籍した際、日米のメディアがそろって大都市ニューヨークで戦う重圧を訴えたことである。

ニューヨークのメディアは世界で一番手厳しい。それらのメディアに育てられたニューヨークのファンはおそらく世界一せっかちだ。ヤンキースの名物オーナー、専制君主ジョージ・スタインブレーナーの限りなく高い要求に松井は応《こた》えていけるのか？当時の各メディアの論調を総じるとざっとこんなところだろうか。そして引き合いに出されたのは巨人やヤンキースとは対照的なチーム環境にいたイチローだった。

それら日米のメディアが設定した「厳しさ」の基準は、外部から受けるさまざまな影響の大きさにあった。人が見ていないところで誰もが踏み入れたことのない高みを歩き続けなければいけない、というイチローが置かれていた状況は、メディアとファンの数＝プレッシャーというメディアが勝手に作り上げた論理に押しつぶされていた感じだった。

ともに日本プロ野球の看板を背負う存在だったこともあり、二〇〇三年シーズン当初から、イチローは松井秀喜に関する質問を何度となく受けた。注目度がそのまま重圧の大きさになる、というメディア側の理屈はここでイチローにもよく伝わっていたと思う。同年のキャンプ。オープン戦が始まって六試合目の三月五日。イチローは日本人メディアとの会見で「アメリカのメディアの多くが〝大きな注目が松井秀喜に移ったことで、イチローがこれまで背負っていたプレッシャーが減って楽になる〟と書いている。それについてどう思うか」との質問をぶつけられた。

「メディアの数が減ったから、僕に対する期待が減ったというのではあまりに（考えが）浅いと思う。その二つはまったく別次元のもの」

淡々と答えていたが、心中穏やかではなかっただろう。

大リーグ一年目、日本人初の野手としてリーグMVP、首位打者などを獲得した。その活躍は日米野球ファンの大きな注目のもとでなされたものだ。二〇〇四年の年間最多安打記録更新もそうだった。あの時はシーズンが終わって、「途中から（記録を）破って当然という空気だった。あれは怖かった」と話した。それまでの自己記録二四二本を一本だけ上回った二四三安打で終わっていた場合と、シスラーの年間記録にあと一本届かない二五六安打で終わった場合とでは、ファンの反応はどう変わっていたのだろうか。

第三者が想像する重圧はそのまま他人の求める価値観と重なる。それを私が確信したのは〇三年五月一六日、イチローがメジャー通算五〇〇安打を達成した時だ。通算三五四試合目での達成はオリックス時代の同記録より四九試合も早かったが、試合後のイチローは五〇〇安打についての質問に最後まで仏頂面《ぶっちょうづら》だった。もともと自分の中での節目は一〇〇〇本から、との考えがあったが、それ以外にも素っ気ない態度の伏線がある。

日米にまたがる連続首位打者が「八」で途絶えた二〇〇二年オフ。幾つか受けた大手新聞社のインタビューで「なぜ首位打者を取れなかったのか」と何度も尋ねられた。それは高い期待の裏返しであり、邪気のない質問に立腹することはなかったが、彼は同時にヒット一本の価値が軽んじられているように感じていた。

「もともと五〇〇本という括《くく》りに（メディアの）無理やりな感じがある。それに〝何で首位打者が取れなかったのか、なんでもっと打てなかったのか〟と思われているのに、どうして今度は五〇〇本に意味を求めようとするのか。そこに矛盾はないですか」

ファンの見たいものを見せる

松井がメジャー三年目を迎えた二〇〇五年のシーズン序盤。第三者の聞きようによっては厳しいひと言を、イチローは一つ年下の日本人外野手に返している。五月九日、マリナーズがシーズンで初めてヤンキースと対戦したニューヨークでの夜。試合前の打撃練習を終えた松井がストレッチをしていたイチローに歩み寄って挨拶《あいさつ》をした。二人はそのまま、まだヤンキース控え野手陣がフリーバッティングしていたグラウンドを見つめながら並んで座った。

「いや、さすがにこれだけ打率が低いとまいりますねぇ」と当時打率二割四分二厘《りん》、三本塁打で低迷していた松井。

「なんで？　そんなのいいじゃん。打率なんか低くてもホームランを四〇本、五〇本と打てばいい。それはお前にしかできないことだろ」とイチローは言った。

コメントの真意は語らなかったものの、そこに私はイチローの強い自負を感じた。自分は日本のアベレージヒッターの代表として期待される役目を果たしてきた。次は、日本の長距離砲がファンの見たいものを見せる番だよ、と。

特に誰を指すことはないが、イチローは時々「それだけの選手かどうか」という意味のことを言った。期待をかけられて最後はそれに応えることと、チャンスがありながら結局ものにできないことは、彼の価値観において天地以上の大きな開きがあった。

イチローと松井秀喜。日本の誇るオールラウンドプレーヤーと長距離打者。渡米後も何かと二人は比較されている。

しかし、松井が米国で本当の意味で今のイチローと肩を並べる存在となるには、少なくとも松井が一度は打率、本塁打及び打点部門のどれかで個人タイトルを獲得しなければフェアではない、と私は思っている。

日本時代の松井の最大の武器であったホームランを五〇本以上打つか、打点王を取るか。左打ちの松井にとって、本拠地ヤンキー・スタジアムの狭い右翼はアドバンテージである。二〇〇五年、アレックス・ロドリゲスやジェーソン・ジアンビ、ゲーリー・シェフィールドら高い出塁率を誇る強打者が居並ぶ超重量打線にあって、松井が得点圏に走者を置いて打席に入る機会は三〇球団で最も多かった。二〇〇六年は宿敵レッドソックスからジョニー・デーモンが加入した。三割、一〇〇得点を常時期待できるリードオフマンが加わったこの年、松井にメジャー初タイトルのチャンスは十分あった。

松井は二〇〇〇年、王ダイエー、長嶋巨人が激突した平成ON決戦の主役として日本シリーズMVPを獲得した。巨人が日本一を決めた第六戦。同年暮れに渡米した私にとって最後の日本プロ野球取材になったゲームで松井が左腕渡辺正和《まさかず》から放った2ランホームランは、文字通り左中間席中段に突き刺さりそうだった。私が〝こんなものではない〟と現在の松井に感じる気持ちは、東京ドームの記者席から目撃したあの強烈な一本の印象があまりに大きいからだ。

あれだけのスラッガーが、メジャーでは年間平均二三本塁打で日本のファンは納得しているのだろうか。松井秀喜は、もっと凄《すご》い選手であってほしかったし、そうなる可能性を秘めた選手だと思っていた。

再びイチローの話に戻る。「あくまでも自分がどう感じるか、だから」と、イチローはプレッシャーを主観的な感情としてとらえていた。他人からの影響をどうプレッシャーとして受けるかは、その本人にしか分からない。オリックス時代に感じていたプレッシャーについて、他人に理解を求めることは不可能だとも分かっていた。

「僕と同じ道を歩んでいないわけですから、ほかの人に〝分かってくれよ〟というのは無理ですよ。もちろんこちらから分かってほしい、とも思わないけど」

長らく相応の賞賛を期待できなかったイチローが、モチベーションを保つため自らに課した重圧は、他人には計り知れない大きさとなっていた。もちろん、松井秀喜が受けている重みも彼にしか分からない。ただ、彼らにしか感じることができない曖昧《あいまい》なものを数値化して比べるのはナンセンスだと思う。

「チームの勝利」だけでは喜べない

観客やメディアの数の大小が基準となる重圧は、やはりメディアの抽象的で身勝手な思い込みだろう。松井秀喜と同じ年にヤンキース入りしたホセ・コントレラス（現シカゴ・ホワイトソックス）のケースが好例ではないか。

コントレラスはアトランタ五輪キューバ代表のエース。二〇〇二年暮れに亡命に成功した大型右腕に次代の主軸ローテーション投手としての期待は高かった。結局、ヤンキースがレッドソックス、マリナーズ、メッツらとの激しい争奪戦の末、松井を上回る四年、約三六億円と新人では破格の大型契約で獲得。だが、一年目は前評判を大きく裏切った。

〇三年、コントレラスは故障がちでわずか71イニングしか投げられなかった。そしてニューヨーク・メディアが最も問題視したのは宿敵ボストン・レッドソックス戦でことごとく打ち込まれたことだった。

この年、コントレラスがレッドソックス戦二試合に先発した内容は計四回三分の一、対戦防御率24・92という惨憺《さんたん》たるものだった。突然、制球難に陥って自滅するキューバ人ピッチャーにはメディアから「重圧に弱い」のレッテルが貼《は》られた。

〇四年七月にはシカゴ・ホワイトソックスに放出された。ベテラン制球派右腕エステバン・ロアイザとの一対一交換トレードを、当時のニューヨーク・メディアは一様に歓迎した。「コントレラスのように気が優しい奴《やつ》はニューヨークに向いていなかったのだ」と。

だがその後、〇五年途中から「気が弱い」はずの大型右腕がホワイトソックスを八八年ぶりの世界一に導いた。ポストシーズンでは四試合に先発し三勝一敗。計32イニングを投げて防御率3・09、四球はわずか二個という抜群の安定感だった。

三勝のうち一勝は一〇月四日、14－2と大勝した地区シリーズ第一戦、ニューヨーク・メディアが「大の苦手」と決め付けたレッドソックスから奪っている。この年、八月からプレーオフにかけての試合で一二勝二敗。ペナントレースで一番しんどい時期に最も頼りになった。

コントレラス変身の理由は、それまでのオーバーハンドからスリークオーター気味に腕の角度を修正したことと伝えられている。八月九日には満員のヤンキースタジアムで古巣の強力打線を七回三安打無失点に抑えた。同二一日にはヤンキースのエース、ランディ・ジョンソン（現サンフランシスコ・ジャイアンツ）と投げ合って八回二失点で勝ち投手となった。いずれも辛口自慢のニューヨーク・メディアの鼻をあかすかたちの快投だった。実はコントレラス以外にも同様の〝復活劇〟は結構ある。第三者が定める重圧がいかにあやふやなものか。冷静に前後関係を追いかけると、重圧という主観的感情を比べることがいかに難しいかが見えてくる。

「チームが勝って、自分の結果も良かったというのが理想です。でも、自分の結果が全然なのにチームが勝ってそれでいい、というのならそれではプロの選手として魅力がないと思う」とイチローは言う。「チームが勝てばそれでいい」と言わないのは特殊な環境をくぐり抜けてきた誇りと意地だろう。

わざわざ球場までやってきてくれた観客には、自分のすべてを楽しんでほしいという気持ちが強い。実力とは不釣り合いに低かったオリックス時代の注目度が、そんな考え方の一因にあるのだろうか。自分の求めるレベルのパフォーマンスが発揮できたのか、そしてそれがどれだけファンを楽しませることができたのかには勝利と同じくらい執着した。彼がたどってきた道のりからすれば、そのような物差しを持つのは自然な流れかもしれない。

チームが勝ってもそれだけで心底から喜べない姿勢は、時に誤解を受けやすい。「自分の結果が全然なのに、チームが勝ってそれでいい……」の一節はインパクトが強すぎて彼の個人主義と早合点されがちだ。しかし、そのフレーズに「自分一人だけがよければいい、という意味では決してない」との前置きがあったことはあまり知られていない。

実際、一人や二人の頑張りで、長いシーズンを戦うことはできない。半年にわたるシーズンでチームの勝利だけをやる気の源とすることは現実には困難であり、ある意味危険なことだろう。

毎年、中盤には半分以上のチームが優勝争いから脱落し、ポストシーズンの頂点に立つという目標は遠のいていく。だからチームの勝利と自分の好結果は直結することが多いと分かっていても、その二つを別次元のものとして考え、それぞれをモチベーションの理由にする。言い換えればチームの勝敗に自分の結果の言い訳を求めない、という決意でもある。

「最初はだれも期待していないから、プレッシャーなんかない。首位打者をとったり、記録をつくることで常にそれを期待される状況ができる。それからプレッシャーがどんどん大きくなる」

オリックス時代からチームの成績がぱっとしなかった時期が長かったことで、イチロー個人の言葉がフォーカスされる機会は多かった。そのために彼を自分勝手、と曲解するケースがあるとすれば不幸である。

万人には理解されない生き方

渡米三年目、二〇〇三年四月はマリナーズが開幕ダッシュに成功したものの、イチロー自身は月間打率が大リーグで初めて二割五分を切った月だった。同月の下旬、当時マリナーズを率いて一年目だったボブ・メルビン監督（二〇〇五年からアリゾナ・ダイヤモンドバックス監督）に、イチローは自ら「一番で使ってもらわなくてもいい。何ならマイナーに落としてもらってもいい」と伝えていた。

「自分の状態がどうだとか、そういうことよりもチームに与える影響を考えてのことだった」と約二カ月後の六月、遠征先のサンディエゴで明かした。

「（メルビン）監督はすごく選手一人一人に気を遣ってくれていた。それに、自分自身が気を遣わせたくなかったこともある。でも、一番の理由は大リーグで初めてチームを任された監督に、ほかの選手たちから〝なぜ結果を出していない選手を使うのだ〟と言われたときのことを考えてのことだった。ほかのチームメートが、僕がそういう（マイナー降格も仕方なし、という）気持ちを持っていることを知っている場合と、そうでないのに使われ続けているのでは大きく状況が違ってくるから」

結果が思わしくないときの覚悟はできていた。チームを思う気持ちの強さを伝えるのは言葉であったが、まずは行動と態度で示したかったようだった。

チームの勝利は誰よりも嬉《うれ》しいが、同時に自分のパフォーマンスがどうだったか、試合後に冷静に振り返ることを決しておろそかにしたくない。それまでにイチローがたどってきた野球人生からいわば必然的にもたらされた、笑わない理由。それを知ったウォーレン・ミラー広報副部長の記憶に蘇《よみがえ》るシーンがあった。

一三年勤めたヒューストンのクラブハウスにも容易に笑わない男がいた。メジャー通算一五年をアストロズひと筋で過ごし、しゃがみ込むような独特の打撃フォームで計四四九本塁打を放ったスラッガー、ジェフ・バグウェルだった。九一年新人王、九四年にリーグMVPを獲得したチームリーダーである。

「ビールを飲みながらクラブハウスに入り浸《びた》って、遅くまでほかの選手仲間と野球の話をする、という日がよくあった。そこはイチローとは違っている」

とウォーレンは懐《なつ》かしそうに話した。

「でも、ジェフだけは自分がすごいホームランを打っても、思うように打てない日があってもずっと同じ態度で通した。自分への期待には終わりがないことを知っていたのだと思う。こと自分のプレーに関して、人が見ているところで滅多に喜怒哀楽を見せようとしなかった。それが彼のプロフェッショナルとしてのあり方だったのだと思う」

広報副部長は日本から来た選手と接するのは初めてだったため、最初は文化的な背景からイチローの態度を理解しようとしていたようだった。

ほどほどの満足で笑顔を見せようとしない。それは万人には理解されにくい生き方である。だがそこには自分の中で描く理想に忠実であろうとする志がある。野球選手以外の職業でも彼と同じ主義の人たちはいるだろう。「きょうは味付けが今ひとつだったかもしれない」と自信の持てなかった一品をほめられて、本物のシェフは心の底から喜べるのか。手ごたえのない作品が思いのほか高く売れたとして、それで芸術的探求心を満たすことができる画家は本物とは言えないのではないか。

現在オリックスの守備走塁担当で三塁コーチを兼務する松山秀明は、イチローの知られざるチームプレーヤーぶりを同じグラウンドでつぶさに見てきた人物である。

「ノーアウト二塁でイチローがランナーという状況で、タッチアップが可能だった外野フライで判断ミスをして三塁に進めなかったことがあった。そしたら彼はこっちがサイン出してないのに三盗を仕掛けて成功させたんです。自分のミスで迷惑をかけたときは必ず自分で挽回しました」

松山はイチローの本当の凄さを「難しいことを普通のプレーのようにこなす」ことだと言った。イチローの渡米後の話だが、たまたまマリナーズの試合をテレビ観戦していた時、三塁走者の彼が三塁ゴロで生還した場面を見た。

「彼は年末、どこかのインタビュー番組で、あの走塁がその年のベストプレーだと言いました。嬉しかったですよ。前進守備、あの打球でホームに還《かえ》るのは、凄く難しい。でも、これまで彼は日本でそういうプレーを続けていた。ピッチャーの投げる球種はもちろんですが、そのピッチャーの球質まで読みながらゴロが増えるとか、そういうことまで予測しながらプレーしている」

PL学園の元主将だった松山コーチの同学年にはあの清原和博《かずひろ》と桑田真澄《ますみ》がいる。高校野球史上の伝説に残るこの学年のPLは、勝つためには何をすればいいのかを熟知したプロはだしの集団だった。

「野球ではみんなで仲良くすることがチームワークではないんです。もしそれが仮にチームワークだとしても、そんなものは全く必要ない。一人が他人のミスをカバーできるほど僕らのやっていることは甘くない。オリックスでも(仰木)監督が〝チームが勝つことばかりを考えて野球をしなくていい、自分のベストプレーだけを考えてやりなさい〟とずっと言い続けていました。一人一人がやることをやり、それを束ねる人がいて、それで初めて戦えるようになるんです」

松山とイチローはプライベートでの交流はほとんどない。年に一度だけ、シーズン終了後に松山が労《ねぎら》いの短いメールを送るという淡々とした関係である。そのメールは

ＭＶＰ獲得の二〇〇一年も、年間最多安打の二〇〇四年も同じ「おつかれさん」で始まるごく簡素なものだった。

「凄いね、やったね、って書くのは簡単かも知れませんけど、そうすると言葉が軽くなってしまう。日ごろから凄いことをやっている人間に〝凄い〟と言うのは失礼ですから。僕からファンに言いたいのは、イチローがやっていることの、細かいところまで全部見てやってほしい、スポットライトの当たっていないところをちゃんと見てやってくれよということですね」

二〇〇四年オフ、メジャーの年間安打記録を塗り替えたイチローはニューヨーク州クーパースタウンのアメリカ野球殿堂を訪ねた。シアトルを早朝に発ち、マンハッタンで一泊。翌日の朝早くに出発、弓子夫人、知人らと連れだって片道五時間を日帰り往復する旅だった。

短い旅の最後の夜。一行はマンハッタンのある和食職人の店で夕食をとった。そこでイチローがこんなひと言を残した。

「ここの店のご主人は、毎日お客さんを満足させているという実感をどうやってつかんでいるのかな。僕も毎日どんな試合でもお客さんを満足させたい、と思っている。

でも実際にはなかなか難しいこと」

常に最高のものを、それもファンが望んでいるものをできる限り見せなければならない。フィールド上はもちろんのこと、球場に足を運ばないファンにも記録でアピールする方法はある。ファンを楽しませることに貪欲《どんよく》な限り、イチローが重圧から解放されることはないだろう。そしてそれは、彼自身が最も望んでいることなのである。

「期待するだけ期待してほしい」は、イチローの口ぐせになっている。

「注目されることを苦しいなんて思わない。だって、注目されないと選手として終わってしまう。プレッシャーを取り除く方法？　簡単です。ヒットを打たなきゃいいんですよ」

III

「強さ」より、「柔らかさ」

違和感を解消する試み

それは外見には決して現れることのない変化だった。

二〇〇一年に大リーグ史上最多タイのシーズン一一六勝を記録したマリナーズは、その翌年二〇〇二年前半も快調だった。球宴前には五五勝三三敗。二位エンゼルスと3ゲーム差でア・リーグ西地区首位を走っていたチームにあって、イチローもまた絶好調に見えた。

前半終了時点で三割五分七厘《りん》。六月六日には五七試合目で既にシーズン一〇度目の一試合三安打以上をマークした。この時点では大リーグ自己ベストの三割八分四厘。早くも史上初の新人から二季連続MVPさえささやかれる勢いだった。しかし、快調に見えた六月頃から本人が思わぬ言葉を口にした。

「このままではいけない」

だれもが二年連続の大暴れを疑わなかった時期に、イチロー自身は打撃感覚にかすかなズレを覚えていた。

イメージ通りのスイングにもかかわらず、打球は予想とは違った飛び方をするケースが増えていたのだ。そして、結果は出ているがすっきりしないという状態がやがて危機感をともなった疑問に成長していく。

「ちょっとあることを試している」

そんな表現で現状に満足できていないことを示唆《しさ》した。放っておけば大変なことになる。直感が働いていたようだった。

打撃フォームを改造するのではなく、感覚の微調整を行う必要があった。実はその試行錯誤は二年目のオールスター前から始まっていた。マニー・ラミレスに打撃のアドバイスを請《こ》われ続けたミルウォーキーのミラー・パークで、イチロー自身も自分の打撃感覚にすっきりしない気持ちを抱いていた。

「ある試み」とは、体の使い方に関連して生じる違和感を解消することだった。

「ファウルした打球が、そこにはフェアの打球も含まれますが、バットにボールが当たる位置がイメージとずれるように感じたんです。やけに詰まる、と。それで、そのときに気になったのが上体の固さだった。それをはっきり自覚したのはあのオールスターの、シリングの一球目だったですね」

二〇〇二年のオールスター戦。アメリカン・リーグの一番打者として先発したイチローは、アリゾナ・ダイヤモンドバックスの右腕カート・シリングと初めて対戦した。

前年のワールドシリーズMVPをランディ・ジョンソンと分けあうかたちで獲得したシリングは、かつて一〇〇マイル（一六〇キロ）近い剛速球が代名詞の本格派だった。だが、選手生活の後半に入っていたこの頃はカットボールやツーシームファストボールなど、打者の手元で小さく変化する球を多投するピッチャーに変貌《へんぼう》しつつあった。

一九三センチ、一〇四キロの巨体から受けるイメージとは裏腹に、シリングの変化球の制球と駆け引きの上手《うま》さは群を抜いている。スライダー、ツーシームファストボール、そして追い込むとフォークボールがある。

左打者にはボール気味のところから外角ストライクゾーンぎりぎりに入るスライダーをよく投げた。それを意識させられると今度は体に近いところへツーシームファストボール。左打席に向かって来るように見えた直球がぐっと内角いっぱいに決まる。ストライクゾーンの四隅を思い通りに突くシリングに、イチローはプレーボール直後から勝負に出た。初球の内角高め。芯《しん》でとらえた感触があったが、詰まり気味のゴロが一塁前に転がっていた。すっきりしないスイング時の感触は、この時はっきり違和感に変わっていた。

「とらえた、と思ったのになぜああいう打球になったのかがよく分からない」

問題の投球が、素直な真っすぐだったのか、それとも例のツーシームファストボールだったのか。いくら相手が直球系の球を多彩に動かしてくるシリングとはいえ、はっきりとイチローが球種を特定できないことは珍しかった。

普段なら投げられた球に自分がどう反応して打ち返したのか、が瞬時に頭の中でリプレー可能になる。それが、打てた、と思ったのに詰まり、どんな球を打ったのかさえ断定できない。問題はそのズレを生んだ理由が気持ちの高ぶりからくる力みではなかったことだった。

ヒットそれぞれが作品

二〇〇二年、イチローの新人から二年連続オールスターファン投票での最多得票は米オールスター史上初めての快挙だった。しかし、すべてが夢の中にいたような一年目のオールスター（開催地シアトル、セーフコ・フィールド）とは違っていた。スターの集う真夏の饗宴《きょうえん》に興奮はしていたが、もう晴れ舞台の華やいだ空気に戸惑いはない。スイングの違和感は気負いからくる力みが原因でないことは明らかだ。はっきりと自分の上半身に固さを感じ、それがズレの原因となった確信があった。

イチローの言う「固さ」とは、疲れや故障からくる筋肉の張りではなかった。それは無意識のうちに力が入り、スムーズに体が動かせない状態を指していた。

前半戦は違和感にもかかわらず結果が出ていた。なのに何が不満なのか。そんな疑問を私は持った。チームはアスレチックスとエンゼルスの猛チャージに今にも追い越されそうだ。とりあえず違和感があっても同じアプローチを続ける選択はなかったのか。だが、そんな素人《しろうと》じみた疑問に対するイチローの答こそ、彼の戦う世界の厳しさをよく表していたように思う。

「結果が出ていることと、気持ちよくプレーできていることの二つは長い目で見ればどちらもすごく大切なこと。どちらが欠けてもいけない。結果が出ているからと言って同じところには止《とど》まれない」

シリングとの対戦後、約二カ月半の試行錯誤が続いた。この年の後半戦は七二試合で三〇〇打数八四安打、打率二割八分。目に見えて減速したリードオフマンと歩調を合わせるようにマリナーズも失速した。

オールスター直後の七月一九日から三日間、アナハイムでのエンゼルス戦で手痛い三連戦三連敗を食らった。一時は大差をつけて西地区二連覇は間違いなし、と言われたチームをアスレチックス、エンゼルスが八月の大攻勢で抜いていった。それでも模索の後半戦を振り返り、「結果が出ていることと、自分が満足していることは必ずしも一致しない」とイチローは言った。

同じことを続けていれば同じような結果が期待できるのでは……私を含め、素人はどうしても短絡的に考えてしまうものだ。だが、現実はそうならないから結果だけで満足することは危険な考え方である。

二〇〇二年オールスターで、イチローに打撃のアドバイスを求めたラミレスのことを私は思い出した。そのとき三割四分の高率をキープしていたラミレスは思うようにいかない自分の打撃にいら立っていた。

同じアプローチを続けていれば好結果が続くとの考えは、同じ工程、同じ材料でほぼ一定の品質が保たれる、という大量生産の発想である。

だが、打者と投手があの手この手で日々競い合う世界で、あらゆる駆け引きののちに放たれるヒットは一本一本が手作りの工芸品だった。少なくともイチローの実感では、まったく同じものをつくるのは簡単そうでいて不可能だと……そういえば二〇〇五年シーズンを迎える直前、彼が自分のヒットを「作品」と称したことがあった。

再び二〇〇二年後半に戻る。ほんのわずかな固さやズレはイチローにとって重大な問題だった。固さを感じてしまうと、それがすべての動きに影響した。まったく打てなくなることはなかったが、ベストとは程遠い状態になった。それは彼の打撃において正確なタイミングと体の切れ、無駄のない体の使い方の占めるウエイトがいかに大きいかを意味していた。

切れや無駄のないフォームが大切なのはプロレベルの野球選手なら誰でも分かっているることだろうが、イチローが独特だったのはそれらを司《つかさど》る身体感覚を保持するため、ウエイトトレーニングなどによって大きく、強くなる発想を完全に捨てていたことだった。

彼は重いダンベルやバーベルを使ってのトレーニングは一切行わない。一セット数千万円もする特殊なトレーニング機器が今でもオフにトレーニングを行なう神戸のスカイマークスタジアム、名古屋の実家、セーフコ・フィールドにそれぞれある。何度かそのトレーニング風景を取材したことがあるが、それは筋肉を鍛えると言うよりもストレッチに近い感じだった。

「できるだけ体が大きくならないようにしている」と渡米後のイチローは時々口にした。野球がいかに技術介入度の高いスポーツとはいえ、野手でそこまで身体感覚に頼り、それを突き詰めようとした姿勢が私には興味深かった。

細身でさほど大きくない体だった少年時代から、効率的な体の使い方が高いパフォーマンスにつながることを体得していた。無駄のないフォーム、微妙な感触《タッチ》にこだわる姿勢は打者というよりもピッチャーのそれに極めて近かった。

感覚をコントロールする技術

上半身の固さが判明したのは九月二〇日、セーフコ・フィールドでのエンゼルス戦。

マウンドには速球派右腕ラモン・オルティス（〇八年はオリックスに在籍）がいた。かすかなズレがはっきりと違和感に変わったミルウォーキーの球宴と同じ、第一打席の初球だった。同じように内角高めに入ってきた直球を強振すると、それは右中間を真っ二つに割る三塁打となった。鋭い弾道は、それまでのもやもやを吹っ切る力強いものだった。

「ひざの力を抜けば上半身の固さがとれる」

探し求めた答が手の中の感触として残っていた。上体の固さを和らげ、本来の自然体でスイングするためには全身の筋肉の調和が大事だった、とここで分かった。

「バッターは力を抜くことが大事。では、どこに力が入ればどこの力が抜けるのか。その時は上体に力が入っていることを感じて、それを抜かなくてはいけないということも分かっていた。でも上半身の力、僕の場合は手から背中にかけてだったのですが、どうすればその部分の力を抜くことができるのか。それをいろいろ考えました。

ゲームに入っていけば当然気持ちは高まってくるし、試合の局面によっては極度の緊張から無意識のうちに体が固くなる、ということはある。でも、自覚しているのに力が入ってなかなか抜けない、という状態はそういうケースとは別のものなのです。その上体の固さの原因は、ひざから下に力が入ると上体に力が入る、ということでした」

　ひざを折り曲げるとふくらはぎを中心に筋肉は緊張する。逆に、ひざを伸ばすとふくらはぎがリラックスした状態となる。この人体の基本的なメカニズムは、野球選手も歩き始めたばかりの赤ちゃんも同じである。

「力の伝達の問題というか、体のしくみの問題だと思う。バットを持った手をできるだけ柔らかく使いたい、と思っていても、ひざから下が固いと自然に上が固くなる」

　本人だけが分かる微妙な感覚の違いだったが、発見の収穫は大きかったようだ。問題解決のヒントは不都合が生じた箇所の近くにあるとは限らない。全身を無駄なく使うためには全身の筋肉を調和させること。好調時は無意識にできている動作が、うまくいかなくなったときにどう妨《さまた》げられてしまうのか。できるだけ短い時間で故障を修理するための方策を、実地体験でつかんでいた。

　イチローによると、「ある試み」の答が見つかってからは以前よりも打席での立ち姿がすっきりしたようにうつるはずだという。だがそれはあくまでも本人のイメージであって、第三者にはほとんど分からない。ただ、この三カ月近い回り道で「感覚」という見えないものをコントロールする技術はひとつ上がっていた。

「ピッチャーの手からボールが離れてミットのなかに収まるまで、一秒もないですよね。その短い間にどれだけ対応ができるか。リラックスした状態と、体が固い状態とではどちらがいいか、は明らかでしょう」

他人には分からない感覚的問題だ。だが、リラックスした自然体でのスイングではバットのヘッドが速く出るようになった。計器を使って測定したわけではなかったが、少なくともイチロー自身にははっきり速くなったとの実感があった。

「ピッチャーが投げる球に対して強い打球を返さないといけない。そのためには、僕のような体の大きくない選手はバットをなるべくしならせて使わないといけない」

木製バットにはその木の種類にかかわらずある程度弾性が備わる。スイートスポットと呼ばれる重心でボールをとらえると飛距離が出るように設計されているのだが、そのためには木が持っている反発力、しなりを最大限に利用しなければならない。バットのしなりに可能な限り自分の体を同調させようとするのがイチローの打撃であり、彼はそれを「柔らかさ」と呼んだ。

九月二〇日の打席。右腕オルティスの内角速球を右中間に思い切り引っ張った瞬間、柔らかく体を使う感覚ははっきりしたかたちとなっていた。

「インサイドの厳しいところへきたストレートでした。それまでの感じならあの球は詰まってファウルになっていた。それが、ヘッドスピードが速くなっているので芯《しん》でとらえられるわけです。感覚として、ストライクゾーンの幅ではなく、前後の奥行きにそれまでよりも余裕がある。だから、ボールを（体の近くに）引きつけても芯に当てることができる」

新感覚が実際の打撃成績に反映するまで、さらに時間を要した。

二〇〇三年四月、イチローはそれまでで最も低い月間打率二割四分三厘《りん》を記録した。普通の打者なら考えられないことかもしれないが、「打てる、と思うボールが増えたことで、本来なら手を出してはいけない球に手を出してしまった」と説明した。無意識のうちにストライク以外の球を追いかけすぎたことでミスショットが増えたのだ。

例えば、それまで見えづらいと感じていたアスレチックスの左腕バリー・ジト（二〇〇二年に最多勝、サイ・ヤング賞獲得。現サンフランシスコ・ジャイアンツ）の大きなカーブが鮮明な軌道として視界にとらえられ、彼の打者としての本能を刺激した。そして「打てると思って」明らかなボール球まで振りに出る。柔らかさを操《あやつ》る感覚を得たことによる副作用だった。

だが、ボール球はボール球である。オリックス時代にワンバウンドしたボールを右前打したことがあるようにイチローはたまにとんでもない悪球を打つことがあるが、しっかりしたフォームでストライクゾーンの球を振ったほうが断然ヒットになる確率は高い。この時もまったくヒットが出ないわけではなかっただけに、軌道修正の必要性を感じるまでに時間を要した。それが、四月の低打率となっていた。

イメージを正確に体現するために、体の各部位をどう使えばいいのか。初めて具体的な感覚をつかんだのは一九九九年四月一一日、ナゴヤドームでの西武戦である。五打席目で西崎幸広《ゆきひろ》にセカンドゴロに打ち取られた時だった。以後、その感覚は様々な体験を経て研ぎ澄まされている。

驚異の〝八艘《はっそう》飛び〟

柔らかさをコントロールするコツをつかんだとは言っても、それでもう大丈夫ということではない。二〇〇三年序盤以降もいろんなかたちで壁が現れた。その年の終盤は知らず知らずのうちに「気持ちが入りすぎ」たことにより、打席で右足を強く踏み込みすぎるという問題が出た。この時は思うようにいかない自分にいら立ち、「吐き気を覚えた」ほどだった。

毎年、初夏の気温上昇と同時に打撃成績が上がっていたイチローだったが、二〇〇五年の五月、六月はともに月間打率三割を切る不振に見舞われた。この時は無意識のうちに右足の始動が遅れ、それが体全体の動きの遅れにつながっていた。

相手がいて、自分自身の状態も刻々変化するなかである程度の浮き沈みは当然ある。ただ、いろんな回り道で得た経験によってイチローが最も大切にする「感覚」を制御《せいぎょ》する術《すべ》は少しずつ、確実に増えている。それは打撃だけではなく守備や走塁にもかたちになってあらわれるようになっていた。

二〇〇五年五月一五日、シアトルでのボストン・レッドソックス戦。イチローが捕手を〝飛び越そうと〟した。それはまさに野球漫画から飛び出してきたようなひとコマだった。

私はよく似たシーンを以前、野球漫画のロングセラー「ドカベン」で見たことがあった。甲子園大会決勝戦、同点の九回裏。主人公・山田太郎の明訓《めいくん》高校にサヨナラ勝ちした弁慶高校・義経《よしつね》光の決勝ホームイン。ブロックした主人公の捕手を義経が飛び越した場面だ。まさかそんなプレーを現実に目撃するとは思わなかった。

四回、5―1とリードしていたマリナーズの攻撃、一死一塁で走者はイチロー。ここで二番ランディ・ウィン(現サンフランシスコ・ジャイアンツ)が右翼線に鋭いライナーでの二塁打を放った。ヒット性の打球に反応よくスタートしたイチローだったが、逆に当たりが良過ぎたことで右翼手トロット・ニクソンの打球処理もことのほかスムーズだった。一塁走者が三塁を回りかけるころには、既にボールは中継に入った二塁手マーク・ベルホーンのグラブの中にあった。

この場面でイチローは「中継の選手、ファーストかセカンドかよく覚えていないですけど、その選手から（ホームベースの）はるか手前でボールがくるだろう」と判断していた。だがその意に反して三塁コーチのジェフリー・ニューマンはぐるぐると右手を回していた。

「コーチは手を回していたから、僕は行かざるを得ない」

アウトになるのはまず間違いないタイミングだったが、このケースではコーチがゴーサインを出す限り突っ込まねばならない。そこで一瞬のひらめきを行動に移していた。

以下は試合後、レッドソックスの捕手ダグ・ミラベリが「ああいうケースでは真横から滑り込んでくる選手がほとんどなのに……。あんなプレーは見たことがない」と目を白黒させたプレーとなる。

二塁手からのバックホーム返球が捕手のミットに納まった時、イチローはまだ本塁手前約二メートルの位置にいた。そこでまず〝急停止〟したのである。突然の予想もしない出来事にミラベリがバランスを崩して倒れそうになった。

前のめりになったキャッチャーは必死の思いで右手をボールとともに差し出した。これを避けるため、前方宙返りの手を着くような動きでイチローはミラベリの巨体を飛び越そうとしたのである。翌日、日本の各メディアは源義経が残したとされる伝説の秘技に彼の咄嗟《とっさ》のアクションをなぞらえて、「八艘飛《はっそう》び」と書き立てた。

八艘飛びは一一八五年、平家との戦いで敵の軍船に追い詰められた源義経が味方の船へ約六・六メートルを飛び移ったとされる伝説の大ジャンプだ。だがここでのイチローの動きは跳躍というより、相手の右手を〃避けた〃という表現がより正確だった。厳密に言えば「ジャンプ」というより着地だったが、私を含めて記者席から見ていたメディア関係者が驚きで飛び上がりそうになった。

この日、本拠地をぎっしり埋めた約四万五〇〇〇人、そして両チームベンチも度肝《どぎも》を抜かれた。プレスボックスに置かれたモニター前にレッドソックス番記者が五人ほど集まって声を上げていた。「信じられない」「いったい彼は何者だ」。

彼らはこの試合の約一〇日前の五月六日、レッドソックス本拠地フェンウェイ・パークでもイチローの守備に驚かされていた。

まだ冷たい春の小雨が降るなかで行われた同カード、レッドソックスが7―0と一方的攻勢で迎えた四回一死満塁の場面。一塁後方のやや深い位置、ライン際《ぎわ》に上がった飛球を定位置から走り込んだイチローが捕球し、すぐ体をターンさせながら本塁へワンバウンドで返球した。

ファウルゾーンが極端に狭く、ラインを越えればすぐフェンスという構造の変形球場で、右翼定位置付近からトップスピードで走ってきてフライを捕る。フェンスと打球の距離感が的確につかめていないと絶対に出来ない芸当だ。

そしてすぐ体勢を立て直すこともなく、ホームへ力強い送球を届かせた。これも奇想天外の本塁前ジャンプと同様、野球漫画に出てきそうな動きであった。三塁走者ケビン・ミラーが一歩も動けなかった送球は、試合が一方的だったために記録上では単なる1アウトとして扱われたが、関係者の脳裏に焼き付けられる一投だった。

話をセーフコ・フィールドでの本塁突入シーンに戻す。

「もちろんどういう体勢でキャッチャーがボールを取るかにもよりますが、あそこでどうホームベースへのタッチを狙《ねら》うかなんて、いくつも（のパターンを）想定できない。本能です。でも結局、自分の体を理解していないとああいう動きは出ない」

試合後、勝敗にほとんど関係しなかったこのプレーに質問は集中した。

彼の見せた瞬時の動作は二つの点で特殊だった。まず本塁手前でやや減速していたといえ、相手捕手が驚くような間合いで急ブレーキをかけたこと。次に、捕手がバランスを崩して倒れ込むことをまるで予測していたかのような反応だ。

この状況で、走者が自由に動ける空間は極めて狭い。横から回り込もうとするには捕手と接近し過ぎていたし、後退すれば捕手に体勢を立て直す時間を与えてしまっていた。そこでイチローが目指した方向は左右ではなく〝上〟だった。飛び越し、前方宙返りの着地という従来のベースランニングとは異質の動きがそれに続いた。

結果的に主審ビル・ミラーの判定はアウトだった。型破りの本塁突入を試みた走者は報われなかったが、何度も繰り返されたリプレー映像ではミラベリがボールを持った手でイチローに接触しているかどうかは非常に疑わしいものだった。試合後、巨漢捕手は呆《あき》れ顔で「イチローがもう、何をやっても驚かない」と語った。そしてこのシーズンの終盤、ミラベリは日刊スポーツの取材に「あれはセーフだった」と白状した。

記録上ではひとつのアウトだったが、イチローの無限の可能性を私は感じた。セーフとコールされていたならば、その後数年にわたってVTRが繰り返されるようなスーパープレーとなったかもしれない。ここでも、その打撃同様に「体の使い方」がキーワードになっていた。

スパイダーマンキャッチ

イチローは二〇〇三年オフに「大型化は実は野球選手にとってのハンディ」という意味のコメントを残していた。彼のトレーニングに関するコメントを集めていけば、「柔よく剛を制す」の考えが浮き彫りになる。

「大リーグでは、ほかの選手に比べたら僕は大きくない選手で、〝体は小さいのに〟という表現をときどき使われる。でも、体を自由に動かしたり、操《あやつ》ったりという定義なら僕ほど恵まれている選手はいないと思います。結局、こちらには体は大きいのに走れないとか筋肉が邪魔してスピーディに動けないとかいう選手もいっぱいいる。体が大きい方が打球がよく飛ぶ、という次元の話ではあまりに内容が薄いし、そこに僕は当てはまらない。体が大きいことで疲れやすかったりすることも事実あるわけでね」

野球は柔道やボクシングなどと違って体重制限のない競技だ。さらに昨今の大リーグはスピードとパワーを兼ね備えた選手の全盛時代でもあり、大は小を兼ねる、というスタンダードでウエイトトレーニングに励む選手が大半を占める。そんな同業者全体の流れをイチローは、「そういう（大きければよいという）考え方は危険。そこを錯覚《さっかく》してつぶれる選手がたくさんいるのは悲しいこと」と考えていた。

「例えば、フェンスにぶつかりそうになったときに体の力を抜いた方がケガをしにくい。大人が転んでケガする確率が子供が転んだときより大きいのは、大人は転んだ瞬間に余計な力を入れてしまうからでしょう」

余計な力が入ってしまうと故障の誘発だけでなく、力んだスイングでのミスショットも増える。体を大きく、筋肉を太くすると、そこから生まれる力を過信してしまうだけでなく、物理的に支障が出た。

「例えば、太ももの前の筋肉（大腿四頭筋《だいたいしとうきん》）やふくらはぎを大きくするとスピードは出なくなる。スピードを維持しようと思うなら、太ももの裏側を鍛《きた》えて、ふくらはぎは太くしてはいけない」

関節の可動域《かどういき》を大きく、効率的に使うことに普段から重点的な意識を置いている。ほんの数ミリ単位の感触のズレが、パワーを売り物としない選手には命取りになることは先にも触れた。どん詰まりの打球でもスタンドまで運ぶことができる選手はごく少数だがいる。だがイチローは違う。

彼のようなタイプの選手で大切なのは、体そのものを大きくして力を生み出すことではなく、無駄のない体の使い方なのである。この概念の延長に咄嗟《とっさ》のとんでもない動きが生まれていた。「急停止&前方宙返り」の一連の動作から伝わるイメージは軽さと滑《なめ》らかさ。それは、この年五月に入ってから連発した好守備にもよく表現されていた。

「急停止&前方宙返り」から遡《さかのぼ》ること二週間、五月二日のエンゼルス戦。セーフコ・フィールドのフェンス際でのジャンピングキャッチは、二〇〇一年序盤にメジャー関係者を震撼《しんかん》させた〝レーザー・ビーム〟に匹敵するプレーとなった。

0―5とマリナーズが一方的劣勢の七回一死一塁。エンゼルス四番ギャレット・アンダーソンが高々と右翼に大飛球を打ち上げた。そのまま見送れば確実に柵《さく》越えしていた打球をフェンスによじ登って奪い取った。

その時の動きを再現してみる。打球角度を確認したイチローは、やや大きめのストライドで右翼フェンスへ向かって始動した。そしてアンツーカー手前でやや減速、重心を落として弾《はず》みをつけた。三段跳びの助走にも似た動きだ。力強く右足でアンツーカーを踏み切って伸び上がり、左足でフェンスの中ほどを蹴《け》ってその上に登っていた。

少しでも滞空時間を稼ぎ、さらにスタンド深くへ左手のグラブを伸ばすため右手を突っかい棒のように使った。一連の動きの流れで最も光ったのは、思ったよりも伸びてこなかった打球への対処であった。

「イメージではもっと（ボールが）飛んでいるはずだったが実際は違っていた」

左手をできる限りフェンスよりも奥に伸ばそうとしていたため、既に重心は観客席へ向かって動いていた。ここで流れてしまいそうな上体をとどめ、顔付近に落下してきた打球をつかむ。球際《たまぎわ》での最後の一瞬に慌《あわ》てた様子は伝わってこなかったが、実は非常に難しい対応を極めてスムーズにこなしていた。「八艘飛び」でもそうだったが、柔らかい体の使い方を意識していると、スピードを失わずして自在感が出てくる。

翌日、シアトルの地元紙ポスト・インテリジェンサーには、ご当地チームの大敗にも「イチローのスパイダーマンの物まねがたった一つのハイライト」と大見出し。エンゼルスのマイク・ソーシア監督は「あんなプレーは見たことがない」と絶賛した。スパイダーマンキャッチは同年を代表するファインプレーのひとつにも挙げられた。全米スポーツ専門局ESPNの野球解説番組ベースボール・トゥナイトでは、守備の好プレーを「ウェブ（Web、グラブの網）ジェム（Gem、宝物）」と称し、番組中にその日の「ウェブ・ジェム」を紹介するコーナーがある。同年オールスター前日に放送された同番組の前半戦総括編では、イチローのキャッチが前半戦最高の「ウェブ・ジェム」に選ばれた。

ここで、イチローのプレースタイルに対しての一部意見と、それに対する私の考察を書いておきたい。

デイン・ペリーという名のフリーランス・ライターがいる。テキサス州の州都オースチンを拠点とし、全米ネット局FOXの電子版にコラムを投稿する野球ライターだ。ペリーは二〇〇三年シーズン終盤のコラムでイチローを「メジャーで最も過大評価されている選手第一位」に選んだ。主な理由は「外野の両翼を守る選手にしては長打力が低い」こと、「盗塁にはさほど意味がない」など人目を引くものだった。

資金力に欠けるオークランド・アスレチックスが巨大な財力を誇るヤンキースやレッドソックスにいかに対抗するのかを描いたノンフィクション、『マネー・ボール』(マイケル・ルイス著)が、二〇〇四年頃に日本の野球ファンの間でも評判になった。

アスレチックスのビリー・ビーンGMが打率よりも出塁率、球の速さよりも無駄な四球がどれだけ少ないか、などの独自指標を優先し、チーム編成戦略の幹としていることが綴《つづ》られている。この独自指標に大いに関わってくるのが統計学の論理で野球を分析する「セーバーメトリクス(野球統計学)」であり、ペリーはその信奉者だった。

この頃までの野球統計学では〝スパイダーマンキャッチ〟は単なる刺殺1として扱われた。ボストン戦で見せた〝八艘飛び〟は記録上ただの走塁死だ。もちろん〝レーザー・ビーム〟は補殺1。追い込まれたカウントで相手のウイニングショットを叩《たた》いても、または地面スレスレのボールを巧打しても普通のヒット一本と全く同じ値打ちしかない。

野球統計学の考え方では、客を沸かせるプロの技のウエイトが相対的に低いと言ってよい。セーバーメトリクスのような新しい考え方はメジャーリーグの発展に不可欠だが、同時にそれが極端に幅を利《き》かすのは考えものだと思う。職人の技巧を軽んじると、わざわざお金を払って球場にやって来る観客の行為は、時として説明がつきにくくなる。勝つことが客を引きつけることは確かだが、プロならではのプレーも客を呼び、球団経営に大きく貢献するのである。そして、一部の野球統計学信奉者たちには皮肉なことに、『マネー・ボール』の主人公ビリー・ビーンGMでさえ、「イチローは我々の常識では測れない特別な選手」とコメントしているのだ。

自分を見失った時期

身長一八〇センチ、体重七五キロ前後の肉体をいかに大きくするかより、いかに効率よく動かすか。強さよりもしなやかさを求めることの重要性を、イチローは長い道のりと時間をかけて学んでいた。打撃感覚を修正した話でも触れたが、柔らかさこそ自分に最も必要なこととの発想はオリックス時代の苦い体験で体得していた。

二〇〇五年キャンプがアリゾナ州ピオリアのマリナーズ・コンプレックスで始まったのは二月二五日。「もうイチローという選手を追いかける自分はいない」。大リーグ年間最多安打二六二本の翌年を迎える心境を問われてそう語ったが、このひと言には柔らかさをめぐっての紆余曲折《うよきょくせつ》の数年間が詰まっていた。

「九四年に二一〇本のヒットを打った。あの年が僕にとっての（実質的な）デビューでした。いま思うと、それだけの結果を残せる選手ではなかった人間が、それを達成してしまった。二〇〇本だってそのときはだれも打っていなかったし、それまでの最高は一九一。それをプロに入って三年目の選手がやってしまったことで回り道をすることになってしまった」

もともと、周りの喜怒哀楽に左右されない性格。高校三年生の全国大会愛知県予選決勝でチームが敗れたときも、一人だけ淡々としていた。

「その様子を見たある新聞記者が〝どうして泣かないの？〟って聞いてきました。それで僕が、やっぱり泣いて欲しいですか？　それのほうが高校生らしいですかね、って聞き返したらすごくビックリされてしまいましたよ」

そんなイチローでも九四年は一時的に自分を見失ってしまう異常な年だった。

「とにかく周りがうるさいでしょ？　もっと違うことをやって見せろ、とか、もっと一発を打ってくれ、とか、今年はマグレだからもう打てないよ、とか。既に何年も経験がある人が最終的にその記録を達成したときに感じることと、三年目で実質デビューの選手が感じること、見えることはまったく違う。当然、若いからそういう周囲の声に反発しようとした。例えば、パワーを見せつけようとか、かたちが違うものを見せようとする。また次も同じような結果を出したいとか、気負いが絶対出てしまうものなんですね。その時点で経験がなかったから、そうなることは避けられなかった」

年間二一〇安打という空前の新記録を打ち立てた当時二一歳が迷い込んだ袋小路《ふくろこうじ》は、量と力への信奉《しんぽう》だった。九五年以降、何時間もぶっ通しでバッティングマシーンのボールを打ち続け、ウエイトルームに閉じこもって重いバーベルを持ち上げた。その後数年間でオリックス入団当時は五〇キロがせいぜいのベンチプレスは一〇〇キロをセットでこなすほどアップした。九六年宮古島キャンプでは朝から夕方まで休みなしの猛練習がスポーツ紙の一面を飾ったこともあった。

「九五年から九八年の途中ころまで、僕のバッティングはものすごい変わりようだった。もうだれが見ても分かる。あれだけ変わる、というのは自信の無さのあらわれ。自分のかたちをつかんでいない証拠でした」

「イチローを追いかける自分」と表現した当時の状況は、周囲の目を意識するあまり自分の持ち味を見失うことでもあった。柔らかさを失った時、咄嗟《とっさ》の対応に遅れが出た。

背伸びする一方で実は自分の長所をしっかりつかめていない。苦悩の毎日を送っていたイチローがちょうどその頃に日産自動車のＣＭに出演し、「変わらなきゃ」のコピーで話題を集めていた。本当は九四年の持ち味、柔らかい体の使い方を変えるべきでなかった。

マメのない手のひら

あくまでも自然体。可能な限りの脱力から一気の収斂《しゅうれん》。簡単に聞こえるがその実践は難しい。バランスよく鍛《きた》えた身体とそれを司《つかさど》る感覚が要る。ちょっとした異変に気付くセンサーも、問題と正面から向き合う勇気も必要だろう。しかし、これはイチローだけが身につけている特別な才能なのだろうか。

マリナーズの森本貴義《たかよし》トレーナーは、二〇〇四年から球団の専属となり全試合に同行している。試合練習前、イチローに九〇分以上のストレッチにも似たマッサージを施すのが日課となった。オリックス時代には九七年から球団付きトレーナーに就任。イチローの肉体を当時から観察してきた同トレーナーは語る。

「あの肉体とその使い方は、子供の頃からバランスのとれた動きをしてきてつくられてきた。彼は体の力を抜くことが大事とよく言いますが、本当に体の力を抜くだけではあんなパフォーマンスはできない。しっかりと体の軸（重心）が確立されていて、なおかつその周りの筋肉をスムーズにバランスよく使いこなすことがあの柔らかさを伴った動きになる。将来プロ野球選手になるような子供は、ほぼ全員がもともとバランスのよい体の使い方をしているものですが、だんだんと年齢が重なっていくうちに長い間のひずみがたまってケガをすることが多い。彼の場合のように大きなケガもなくそのかたちでやってきたのは珍しい」

同トレーナーはイチローの筋肉を〝つきたてのモチのよう〟だと言った。その感想は初めて触れたときから変わっていない。プロ入り当時、立位体前屈《りっいたいぜんくつ》や上体反《そ》らしの数値が低く「体が硬い」と言われていたが、打撃フォームや守備、走塁で見せる動きそのものは柔軟なイメージを周囲に与えていた。無駄な力が入っていない動作には一連の流れがあるが、必要なときにだけ力を入れる呼吸やリズムは少年時代に完成していた。イチローが特殊なのは、肉体的成長とともに崩れていきがちなバランス感覚を奇跡的に保ってきたことだった。

イチローの手のひらには、野球選手特有の固いマメがない。ほとんどの野手がバットを振ることでつくるマメ（バットの固い木の表面と手の表皮がこすれて固くなること）ができたのはほんの短い期間だけだった。バランスのよい体の使い方を象徴しているのが彼の、大きくしっとりとした手のひらなのかも知れない。

「絶対とは言わないが、力が入るとマメだけでなく無駄なものができやすい。まあ、僕の手にマメができていたら（バッティング練習で）あんなに打球は飛ばないですよ。（打撃の）（独自の体の使い方に関して）そこは確かにヒントになるかもしれない。例えば、（打撃の）インパクトの瞬間にはもちろん力を入れるのですが、大事なのはそれ以外のときにどうなっているかですから」

この考えとリンクするのは、重いマスコットバットを打席に入る直前のストレッチを除いてほとんど使わないことである。

「重いバットを練習で使うことでゲームの時にバットが軽い、と感じたいならば、ゲーム用にもっと軽いバットを用意したらいい。バットを（手首強化などのために）片手で振ったりする人がいるが、あれはケガのもとにしかならないと思う」

マメらしきものができたと記憶にあるのは、高校時代の一時期とプロ入り直後の数カ月だけだった。環境が変わり、バットを振り込む回数が一時的に増えた時期とほぼ一致していた。

「僕の場合はマメができにくい体質ということもあった。マメは野球選手の勲章という人が結構いるでしょう？　でも、マメがゴツゴツいっぱいできているのに打てなかったらカッコ悪いし」

体格に恵まれた米国の選手たちが筋肉を大きく、太くするトレーニングに傾きがちなのは、もともとの利点を伸ばす意味では理にかなっているかもしれない。言い換えれば、体格に劣る日本人が彼らと同じ方法をとっても追いつくのは難しいということだろう。

イチローが屈強なメジャーリーガーに対抗していけるのは、もともと持っていた身体感覚を最大限に生かしているからだ。それは年間安打記録を塗り替えた二〇〇四年オフの「小学生時代は体が勝手に動いて打てていた。今は当時の体の記憶に近い感覚」とのコメントからも分かる。だが、イチロー自身でさえもそのバランス感覚や柔らかさが大事と自覚したのは成人してからだった。

感覚を大事にする、という彼の考えは、これから本格的にスポーツに取り組もうとする少年たちや彼らの育成に携《たずさ》わる関係者の方々に参考となるものではないだろうか。日本人アスリートには一考の価値があると私は思う。少なくとも〝イチローは特別な存在だから〟と諦《あきら》めてほしくない。

「僕がこちらに来て強く思うことは、体がでかいことにそんな大きな意味はないということ。ある程度の大きさはもちろん必要だけど、僕は見ての通りでメジャーのなかでも一番小さい部類。日本でも真ん中くらいで決して大きくなかった。でもそんな体でもこういう記録をつくることができた」

二〇〇四年一〇月一日、シアトルでのレンジャーズ戦。一、二打席でシーズン二五七、二五八本目のヒットを立て続けに放ってイチローはそれまでの記録保持者ジョージ・シスラーを抜いた。試合後の会見で日本の野球少年に向けたメッセージを求められてそう語った。

「大きさに対する憧れや、強さへの憧《あこが》れが強すぎて自分の可能性をつぶしてしまっている人がたくさんいる。これは日本の子供だけに、というわけではなく、アメリカの子供たちにもそう言いたい」

何度も回り道をした末につかんだ「柔らかさ」は、自分を冷静に見つめる目がなくてはあり得なかった。小さな努力の積み重ねは当然のこと、無駄かもしれないことを常に考え、実際にトライしてみる遊び心も欠かせなかっただろう。

慣習や常識にとらわれてしまうとそれらを打ち破るようなスケールの大きな仕事はできない。柔らかい発想を持って、イチローは最大の武器を手にしていた。

Ⅳ　１２０パーセントの準備

最悪の体調で六安打

記者の質問に答える横顔が青ざめていた。やりとりの雰囲気は、とても六打数六安打の打者を囲む会見のそれではなかった。

二〇〇四年八月三日、メリーランド州ボルチモア。オリオールズの本拠地カムデン・ヤードでのダブルヘッダーだった。前夜一睡もできなかったイチローが二試合で六打数六安打を記録した。

一時八分。プレーボール直後の一球目をセンターオーバーに三塁打したのを皮切りに第一試合で五打数五安打。七時六分からの第二試合では八回に代打でピッチャーのグラブを強烈に弾《はじ》くヒットを放った。

一見、心配など何も要らない絶好調だった。打撃それぞれの内容もいい。第一試合終了時点で打率は三割五分四厘《りん》に跳ね上がり、それまで首位を走っていたイバン・ロドリゲス（デトロイト・タイガース）を抜いてこの年初めてリーグトップに立った。五日前、アナハイムでのエンゼルス戦でメジャーでは初めての一試合五安打を放っていたが、その時は延長戦の計七打席でマークしたものだ。五度の機会をすべてヒットというのはオリックス時代を通じても初めてだった。

「一〇〇年に一度の地震が一〇〇年目とその次の一〇一年目に来たということ」

わずか六日間で二度目の五安打に謙遜《けんそん》気味のコメントが残っている。

「今はもう、（マリナーズファンの）楽しみは個人にしかない。できる限り楽しませたい」

マリナーズはアメリカン・リーグ西地区の最下位に低迷していた。自分のタイトル争いだけでもファンを喜ばすことができたら、と遠慮がちに語った。

一睡もしていなかったことは第三者には分からなかった。試合後、しばらくたって「きょうが大リーグに入って最悪の体調だった」と彼自身が明かすまで。

メルビン監督は「イチはちょっと風邪気味だから」と絶好調の一番打者を第二試合の先発からさりげなく外していた。指揮官だけが一番打者の体調不良を知っていた。

長かったダブルヘッダーの一日が終わり、ロッカールームで先発から外れたことについて報道陣から聞かれたイチローは「初めから予定されていたこと」と短く答えただけだった。今思えば、声にいつもの張りはなかったが……。

前日の月曜日、試合のなかったマリナーズはロサンゼルス近郊のアナハイムからボルチモアまで空路五時間を移動してきた。広大なアメリカ大陸を西から東へ一気に横断することは年に何度かある。ただ、その日の三時間の時差がいつも以上に彼の敏感な体内時計を狂わせていた。

悶々《もんもん》とするうちに火曜日、ダブルヘッダーの朝がきた。球場に出発する時刻は数時間後に迫っていたが、眠れず、かといって何をするわけでもない早朝。イチローはチーム宿舎から五分の広場を散歩して時間をつぶしていた。

究極の予行演習

米国北西部の片隅に位置するシアトルでプレーする限り、移動はかなりのハンディになる。最も近いメジャー球団のフランチャイズ（本拠地）はオークランドで、それでも二時間はかかる。同一地区のアナハイム、ナショナル・リーグとの交流戦で毎年対戦するパドレスのサンディエゴでも片道約二時間半を要するが、それら三都市はまだ同じ米国西海岸の時間帯にあるからましな方だ。

同じア・リーグ西地区に属するレンジャーズの本拠地、テキサス州アーリントンは片道約四時間。時差は二時間のため早朝に西海岸の街を発《た》つと到着は午後になる。

シアトルからバスや列車での移動はなくすべて空路。シーズンで同一地区アナハイム、オークランドにはそれぞれ三度、交流戦でサンディエゴへ一度の遠征があるが、それ以外ほとんどの場合は時差のある街への旅となる。マリナーズの年間平均移動距離はメジャー三〇球団中、ほぼ毎年トップである。

二〇〇五年までマリナーズの正捕手を務めたダン・ウィルソン（同年で引退）が懐《なつ》かしそうに話したことがあった。

「シアトルに比べたらレッズの移動なんてピクニックみたいなもんだ」

ウィルソンは一九九二年にシンシナチ・レッズでメジャー昇格し九四年にマリナーズへトレードされた。オハイオ州南部に位置するシンシナチの場合、飛行機で一時間前後のフランチャイズだけでセントルイス、シカゴ、デトロイト、クリーブランド、ピッツバーグ、アトランタと六つもある。二時間以内となればトロント、ニューヨーク、カンサスシティ、ボルチモア、ボストンにミネアポリス……。主要都市が狭い区域に集中する東海岸や五大湖周辺に比べるとシアトルは格段に移動がきつかった。

二時間以上のタイムラグがあればほとんどの人が何らかの影響を受ける。イチローや佐々木主浩《かずひろ》は日本でのかかりつけの医師から睡眠導入剤をもらって対処していたが、この夏のボルチモアではうまく効かなかった。

イチローは遠征に必ず自分専用の枕《まくら》を携帯する。旅行鞄《かばん》のかなりのスペースを占領してしまうマイ枕の効用むなしく、彼はちょっとした窮地に立たされていた。

気温三〇度を超える真夏日は、カムデン・ヤードの記者席にいる私でさえむせ返るようだった。きっと右翼定位置付近だとめまいがしそうな暑さだったことだろう。それがメジャー通算二度目の一試合五安打である。そして夕方からの二試合目は代打でヒット。徹夜、酷暑の悪条件下で放った六安打は、研ぎ澄まされた集中力のひと言だけでは片付けられないものだった。

実は大爆発には伏線があった。真夏の大当たりを生み出したのは、イチローの並外れた用意周到《しゅうとう》さだった。

ボルチモアのダブルヘッダーから六年も前、計画的に予行演習を済ませていた。わざと眠らないで試合に出たのである。すでにメジャー行きを意識し、アクシデントで眠れない日の備えだった。

一九九八年三月、熊本でのオープン戦と、本人の記憶にはある。「普段から意識をしていないことを突然やれと言われてもできない。だからやってみた」と述懐した。「実際には思っていた以上に普通にできましたよ」。

過酷と言われるが、それがどのくらい厳しいのか分からないメジャーリーグのスケジュール。事前に何を準備すればよいかは全《すべ》て手探りだった。

当時は日本人野手がいなかったため、参考となる調整法や情報はなかった。先発投手は五日に一度の出番。その頃エンゼルスで活躍していた中継ぎの長谷川滋利《はせがわしげとし》も三連投はシーズンにせいぜい二、三度である。

試合前と試合後のケアも含め、野手と投手では基本的な調整から違う。ましてや日本にいた頃は薬で眠りを調節することなど想像もできなかった。

どのチームでプレーするかすら分からなかったし、地域によって移動の負担が大きく違ってくる、ということも考えたことはなかった。

そんな暗中模索から、眠らず試合に出るという究極の模擬テストにのぞんだのがイチロー流だった。寝不足や風邪など、体調が万全でなくとも大当たりすることはイチロー以外の選手でもたまにある。しかし、わざと同じ状況をつくってその中に飛び込む発想が特別だった。試す機会が与えられるならばそのチャンスを最大に生かす。公式戦前の実戦調整でチームの勝敗や個人成績を気にする状況ではない。そして肌寒い早春の無謀とも思える試みは、六年後の盛夏に実を結んだ。

肉体的な疲れはともかく、一睡もできない不測の事態にも気持ちの準備はできていた。少なくとも散歩で時間をつぶす開き直りは、究極の予行演習による心の余裕から生まれていた。

六打数六安打したボルチモアのダブルヘッダー以外にも、前夜一睡もできずに試合出場したことがメジャーでは何度かあった。イチローが口外しなかったこともあるが、プレーそのものに乱れがなくはた目には分からなかった。

かつて睡眠のトラブルが表面化したとすればオリックス時代に一度だけだろうか。一九九九年八月二四日、富山での遠征で下柳剛《つよし》（当時日本ハム、現在は阪神）に死球を喫し、右手首を骨折した時だった。

その時も自ら語らなかったため周囲にはほとんど悟られなかったが、この頃は原因不明の湿疹に悩まされていた。死球を受ける直前の約一週間は皮膚の痒《かゆ》みでひどい睡眠不足。もうろうとした状態で内角球を避けるのが一瞬遅れた。

一九九四年からの連続試合出場は七六三で止まり、再びそのシーズンで打席に立つことはなかった。強度の打撲と球団は発表していたが、本当は右手首外側、尺骨と呼ばれる箇所に小さな亀裂《きれつ》が見つかっていた。

無駄に見える試みの意味

徹夜明けのオープン戦出場以外にも、ペナントレースには関係のない試合で試したことはいくつもあった。一九九九年七月のオールスター第一戦ではわざと試合前の打撃練習を行わずに試合に臨んだ。第一打席でイチローはセ・リーグ先発上原浩治《こうじ》（巨人）が投じたフォークボールをホームランした。

一睡もせず試合に臨むことが肉体的、心理的な危機対応能力を試すことだったとすれば、試合前練習でフリーバッティングを行わず試合に出た一九九九年オールスター戦は、技術的な対応能力がどこまで身についているかをつかむ目的があった。頭の中に描いた通りに身体《からだ》を動かし、さらには微妙な感覚調整を確認する作業が試合前の打撃練習である。その確認作業なしでどこまで正確にイメージを体現できるのかを試した。

キャッチボールとアップだけで体を温め、プレーボールがかかってから初めてバットを握った。上原のやや外寄りのウイニングショットに、思い通りのスイングができた。高々と上がった打球が西武ドームのバックスクリーンに飛び込んでいた。

故意に2ストライクに追い込まれ、打者不利のカウントでの適応力を試したのは二〇〇二年オープン戦だった。シーズン前からそれなりに力をアピールしなければならなかったメジャー一年目と違い、二年目は実戦調整での自由が利《き》いた。

当時、やたらとファーストストライクを見逃すイチローを、私を含めた日米メディアは四球を増やすことで出塁率向上を意識しているのでは、などと見当違いの報道を続けた。

本人には「本当のシーズンでは2ストライクにならなくても追い込まれたような状況がたくさんある。そこで何ができるのか。ピッチャー有利の状況でどれだけ力を出せるかで、頼れる打者かそうでないかが分かれてくる」との考えがあった。

緊急事態を意図的につくり、前もって経験しておく。追い込まれた心理、肉体の状態を知ることが自分の才能をフルに発揮するための出発点だった。

通常時と緊急時の変化パターンをあらゆる角度から把握しておけば、どんなピンチに置かれても自分の立ち位置がより正確に分かるようになる。自分が置かれている状況が冷静に判断できれば、対策はより早く、効果的に立てることができる。

さらに緊急事態にわざと身を置くことで、わずかでも「慣れ」という耐性がつくことをプラスととらえた。少なくともその場を経験していれば何らかのイメージはできる。無数の細かい感覚を統合させてベストパフォーマンスにつなげるイチローである。まったく知らないこと、想像できない状況からくるちょっとした不安が、重要な公式戦で影響することを極力避けようとしていた。

「無駄なように見えることにも、すべて何らかの意味がある」とよくイチローは口にする。前章でもふれた回り道だが、実は危機管理能力向上のトレーニングであることが結構あった。それぞれの回り道で感じたことを後に生かすことができたならば、それは結果的に近道を歩んだことになる。無駄に見える無数の試みは、イチロー流準備の大切な下地《したじ》でもあった。

鍛えること、食べること、野球選手としての生活すべてに独自の備えがある。細心さに適度なアバウトさを組み込むと思えば、ある別のポイントでは全く妥協を許さない厳しさがある。いろんな要素がミックスされてイチローの準備は成り立っている。

一点を見つめて

ゲーム当日のひとつひとつの行動にはすべて意味があった。

打席での仕草を例にとってみる。まずマスコットバットを大きく振り回し、上半身と脇腹《わきばら》の筋肉をストレッチする。

その後はまた割り。左に二回、右にも二回と体をひねる回数は決まっている。そして試合用のバットを手に取り、打席に入る直前で一度屈伸。打席では狙《ねら》いを定めるようなポーズでバットを持つ右手をピッチャーに向け、左手で右袖《そで》の上をつまむ。イチローの打席に入る前の動作はほぼ同じリズムで繰り返されている。

ここでは〝同じリズムで繰り返す〟ことに意味がある。単純な一連の動きの中に自分を投じることにより、余計なことを考えない状況をつくるのだ。

打席に入るまでのパターン化された動きの間、その目はピッチャーの球筋を観察すると同時に自分で決めた球場内の対象物を見つめている。

バットをセンター方向に向けるのは、その後方にある球場内の対象物、マウンド上のピッチャー、バットの先の順に焦点を合わせていくためだ。打席から見る対象物はほとんどの場合センター方向にあるのだが、守備には守備用の対象物が別に存在する。

「ベンチにいるときは相手のピッチャーを見ているときもある。でも、そのときから余計なことを考えないように決められたものを見ている」

この間にも頭の中では相手投手の特徴や配球、グラウンド状態やゲーム展開など膨《ぼう》大《だい》なインフォメーションを処理しているが、並行する単純動作に集中することで雑念の生じるスペースを奪ってしまう。

高校時代、スポーツ心理学の専門家から受けた集中力アップのアドバイスがヒントとなった。以後、自己流の改良を重ねて現在のかたちができた。原型が完成したのは一九九四年だった。

「それまでは打席でやっぱりいろいろと考えてしまっていた。でも、プロに入ってからやっぱりこれではダメだ、と。ただ、(無心の状態をつくることは)口で言うほど簡単ではないことですけど」

ピッチャーの投げた球に反応してバットを振り出すという原理から、打者は常に受身の立場にある。相手投手の情報が必要になるのはもちろんだが、これも仕入れが多すぎると反応はスムーズでなくなってしまう。

それが逆のかたちで顕在化したのは二〇〇五年夏だった。八月八日、セーフコ・フィールドでのミネソタ・ツインズ戦で、マイク・ハーグローブ監督は試合中盤に「初球を振るな」と指示を出した。

相手投手はシンカーボールの使い手でメジャーでも最も与四球が少ないカルロス・シルバ（二〇〇五年、188と3分の1投球回で9四球。現マリナーズ）。すいすいと少ない球数で凡打の山を築いていく技巧派右腕に指揮官が業《ごう》を煮やしていた。そこで突然の待球作戦。それが後にイチローの打撃に思わぬ影響を及ぼした。待球作戦はその試合だけで終わったが、シルバに対したツインズ戦以降、初球を振ることにかすかな抵抗を覚えてしまったのである。

二〇〇一年から二〇〇四年まで、イチローは全カウント中で初球打ちの打率が1ストライク0ボールの時に次いで二番目に高かった。この四年間での初球打率は四割二分五厘《りん》。それが〇五年に限っては二割まで急落した。

メジャーでのシーズン自己最高三割七分二厘を記録した二〇〇四年は初球を打って出た打数が一一五もあったのにそれが翌年は六六まで半減した。持ち味の積極性は独自の工夫でつくられた無心状態が支えていたことを、皮肉にも不調時のデータが実証していた。

イチローにとっての雑念は本来の円滑な体の動きを妨《さまた》げる要因になる。何とか初球を振りにいこうと考えてしまった時点でそれはもう目指すところの無心ではない。

毎年、オープン戦の序盤はまず「バットを振ろう、と思ってバットを振っている状態」からの脱却を目指す。この時期は振らなくてもいい球に対してもわざとバットを振っていく。そうすることをしばらく重ねるうちに意識せずともバットが出るようになるのだという。心身の一致は時間をかけて原型がつくられている。

再び彼の打席での仕草に話を戻す。単純な動作や習慣の繰り返しがメンタル面の安定につながった。一点を見つめることで、スランプの遠因となる邪念を減らすことも可能になる。

三時間前後の試合では数百回単位で各種の対象物を見る。守備についているとき、本塁に向かって右側後方にそれはある。二〇〇五年オールスターが行われたミシガン州デトロイトのコメリカ・パークでは左翼スタンド後方にある巨大な電光掲示板内のある一部分、というわけだ。

試合前、対戦相手投手のビデオを子細《しさい》に見ることは少ない。ビデオスクリーンの二次元画像で受けるイメージと、実戦での立体的イメージに差があった。相手投手の大まかな持ち球、球速をインプットすればあとは実際の打席での感触が頼りとなる。打席に入るまでの習慣動作と同じく、情報過多《かた》による迷いをなくす狙いがあった。

試合前練習のキャッチボールはシーズン初めに決めたパートナーと必ず行う。オリックス時代の相棒はずっと田口壮《そう》（二〇〇九年はシカゴ・カブスとマイナー契約）だった。マリナーズ入団後最初の三年間はマイク・キャメロン（現ミルウォーキー・ブルワーズ）、二〇〇四年からはラウル・イバネス（現フィラデルフィア・フィリーズ）である。

ある程度肩が温まってくるまではテンポとリリースポイントを一定させることに意識を置く。ただ漫然と投げることはない。キャッチボールは野球技術の基本中の基本。わずか数分とはいえチェックポイントは多い。

普通に真っすぐ投げているつもりの球がどちらかに流れれば肩の開きに何か問題がある。簡単に捕れる球をわざと逆シングルで捕ってみたり、グラブを出すタイミングを少しだけ遅らせてみたり、いろんなことを試すのは常にギリギリの状況を想定しているためだ。ファンに人気の〝背面キャッチ〟は実は視界を外れたところでもきちんと体が動かせているかを調べるため、と抜かりはない。

　オリックス時代終盤の約二年間、イチローの打撃投手を務めたのは元阪神・阪急の投手で、チームの査定グループ副部長の宮田典計《のりかず》。五、六分間のフリーバッティングでイチローが独特だったのは、パートナーの宮田を集中させていくテクニックだった。

「こっちが振りかぶった時にはもう〝いつでもいいですよ〟という構えに入っている。（試合の時と同じで）いつどんな球が来てもいいような状態で待っているんです。そうするとこっちだって自然と球に力が入って速くなる。基本的にバッピ（打撃投手）は同じテンポで同じ球を投げ続ければいい。それが彼に対しては、次は内角高め、その次はアウトローと工夫してやってみようという気持ちが出てくるんです。そんな気持ちにさせられるバッターなんて、彼以外にはいなかった」

　たまのすっぽ抜けはきっちり打ち返された。「予期しない球にもしっかり反応した。あれが本当に意味のあるフリーバッティングでしょう。イチローの場合、足と腰、腕の三カ所でそれぞれタイミングを調節できる。こっちがたまにテンポを変えても速い球には遅れなかったし、遅い球には体が残っていました」。

　どんな球でも、ほとんどバットの芯《しん》でとらえていた。宮田が持つのはグラブとボールでイチローはバット。それでも「彼とキャッチボールしているみたいな気分だった」と元打撃投手は述懐した。

野球は趣味に近い

一定期間、彼の行動を観察すると大まかなパターンが浮かぶ。それはユニホームに袖を通す前からいくつもある。

球場入りはほかの選手よりも約一時間早く、その時間をそのままストレッチを兼ねたマッサージに充《あ》てている。球場入りの時間から逆算し、だいたいの起床時間は決まった。睡眠は七時間から八時間。遠征先で午後七時五分の試合開始だとすれば正午前後に起きて昼食、そしてカフェでひと休みした後にクラブハウスへ、という流れだ。目覚め、身支度を整え、食事を済ませて球場へ向かう一連の行動は、ある程度の誤差が生じることも計算に入れ、余裕あるスケジュールになっている。

元同僚の長谷川滋利が「絶対に遅刻をしないことが彼（イチロー）の野球に対する誠意の表れ」と話したことがある。

公式戦は当然のこと、オールスター、オープン戦を含めてチーム集合時間に遅刻したことは一度もない。そう聞いて息が詰まりそうなストイックさを感じる読者もいるだろう。だが実際は、分刻みできっちりスケジュールを消化するというよりも空《あ》いた時間にちょっとした買い物を入れるなどフレキシブルに進んでいく。

それでも最後は予定通りに球場入りする。周到な準備と用心深さは切り離せない関係にある。

「野球を趣味か、仕事か、と聞かれれば僕の場合は限りなく趣味に近いです」と語ったのは二〇〇四年九月二四日。テキサス・レンジャーズの本拠地アメリクエスト・フィールド（現在の名称はレンジャーズ・ボールパーク・イン・アーリントン）から車で五分のスターバックス・コーヒーでのことである。横浜で修業したシェフが開く中華料理店で昼飯のチャーハンをほお張った後のティータイム。お決まりのカフェ・ラテをすすりながらこう語った。

「仕事だと思ってプレーしていたとすれば、ある程度の報酬を手にしたときに〝もういいか、これで〟となるかもしれない。でも、これが自分の好きなことだと思えばもっともっと何かがあるんじゃないか、という気持ちになれる」

好きな野球はいつも楽しいと限らない。むしろ苦しいことの方が多いだろう。だが、徹夜明けでオープン戦に出場し、わざと2ストライクに追い込まれたのは、それら苦しみを伴った冒険の先に克服《こくふく》の喜びがあったからだった。

「野球は、自分がこれまでの人生で時間を費《つい》やしてきて、一番自信があって、これで勝負しているんだ、と思えるもの。今は、その野球の技術だけでなく精神的に一段上に行くチャンスだと思っている」

シーズン最多安打記録を八四年ぶりに更新したのはこの一週間後だった。

食事は遠征先の場合、それぞれの街にお気に入りの店を見つけてある。味の良し悪《あ》しは大事だが、それ以上に重要なのはどれだけ落ち着いて食事ができる雰囲気であるかだ。有名人好きのオーナーがなかなか席から離れてくれないような店や、ほかのお客さんがひっきりなしにサインや握手を求めてくるような店とは距離を置いた。

遠征先に限っては味よりもリラックスできることを優先させている。美味《うま》いものには目がないイチローが旅先で少々の我慢が出来るのも、シアトルの自宅で弓子夫人が手がけるバランスのとれた食事に満足しているからなのだろう。

イチローの準備は弓子夫人の存在なくして成り立たない。家事の一切を取り仕切る弓子夫人こそ彼の最大の理解者であり、強力なサポーターだった。

私の知る限り、夫婦に共通するのはほとんどの行動が確固とした理由に基づいているということである。ともに衝動的な行為が滅多になく、物事の優先順位が明確なのだ。そして自分の役割は何かを常に意識する点でもよく似ていた。

年に一、二回、夫人はマリナーズの遠征に同行するが、必ず夫よりもひと足先に帰る。食事の準備をするためである。そして、たまの地元での観戦でも夕食の用意を完《かん》璧《ぺき》に整えてから球場に現れた。元TBSアナウンサーという経歴にもかかわらず、メディアにはごく稀《まれ》にしか登場することがないのも、自分はあくまでも妻という立場をわきまえているからなのだと思う。

二〇〇五年まで、夫婦は一台のノートパソコンを共有していた。実際は弓子夫人が使うケースがほとんどで、それには理由がある。夫がパソコン画面を長時間見ることで、視力に悪影響が出ることを妻は心配した。いい、と思ったことを徹底するところが似ていた。

イチローがマリナーズと正式契約を結ぶ直前の二〇〇〇年一一月のこと。夫妻と私は三人で東京都港区のある喫茶店にいた。その時弓子夫人から「アメリカへの引っ越しはどこに頼むのが一番いいのか」と質問されて大変驚いた思い出がある。それほど当初は海外生活に関する知識が少なく、彼女の挑戦も全ては手探り状態から始まっていた。

一九九九年暮れの結婚当時、「留学経験があり、英語には堪能《たんのう》」と一部メディアが伝えたが、そのような事実はない。弓子夫人は大きなプレッシャーを受けていた。その後五年間、二人の米国生活は大きなトラブルなく過ぎた。この間、夫人にはきっと言葉には言い尽くせない苦労があったに違いない。

二〇〇四年、イチローはキャンプ地のアリゾナに家を購入した。ピオリアのマリナーズキャンプ施設から約一五分の新宅は大切な土台作りのための前線基地である。長くても二カ月足らずのキャンプ生活だが、それだけのためにシアトルの本宅と同じ生活環境を整えた。引っ越し、食材の確保、ありとあらゆる雑用の負担が弓子夫人の細腕にかかる。

全て同じリズムで

再びイチローの準備の話である。興味深いのは遠征先で食事メニューを大きく変えようとしないことだ。メジャー入りして二年目頃から、ランチのお気に入りメニューは某チェーン店のピザである。それもサラミやハムなどのトッピングがまったく乗っていないチーズピザ。

なぜいつも同じチーズピザなのか。彼の答は「味のレベルのばらつきが少ないから、どの店でもある程度の満足感が期待できる」だった。

某ピザチェーン店が遠征先で見つからない場合、その代わりとなることが多いのが日本食レストランで調達する鰻丼《うなどん》だった。

ご飯と蒲焼《かばや》き、タレのシンプルな組み合わせはプレーンピザと通じるものがある。シンプルな食べ物に大ハズレは少なかった。

シーズン中の生活では「同じものを食べることもリズムのうち」と言った。冒険すると間違って口に合わないものに当たる可能性がある。そうすると予定された行動を変更しなければならない可能性も出てくる。大げさかも知れないが、食べることで得るリラックス感も彼の準備サイクルでは重要な一部として組み込まれているように見える。勝手がきかない旅先では食に保守的で、そこそこの満足なら良しと考えているようだった。

遠征での夕食は昼のピザに比べてバラエティーに富んでいる。オリックス時代は野菜嫌いなど偏食が噂《うわさ》されたが、今は普通に食べている。よく行くのは日本食レストランのほかではイタリアンレストラン。そして、それらお気に入りレストランでも決まったメニューを頼む傾向があった。

ままならない食事環境で、満足度を想定の範囲内に持っていこうとしていた。変化や対応が避けられない状況が多い遠征で、必要な労力を最低限にとどめたいように見えた。誤差も少なくしておけばストレスとはなりにくい。これもイチローならではの危機管理なのだろう。小さな気遣《きづか》いがあらゆるところで感じられた。

レストランで注文を取りに来る前に出される水は飲まない。しっかりしたシェフがいないと判断した店では生ものを口にしない。それなのに一九九九年春、星野伸之《のぶゆき》(元オリックスの左腕エース、現在は阪神二軍投手コーチ)、佐藤義則《よしのり》オリックス投手コーチ(現在は東北楽天投手コーチ)らとやってきたマリナーズ体験キャンプ中にスペアリブで食あたりした。弘法にも筆の誤り、とはまさにこのことだった。

最近ではやっとビールの小瓶を二本ほど空けるようになったが、メジャーでの生活サイクルに慣れるまでの数年間、公式戦中はあまりアルコール分を摂《と》ろうとしなかった。

「乾燥した気候でアルコールを飲むと汗のかき方が変わってくる」と話したのは二年目のスプリングトレーニング中。ちょっとした異変にも敏感に体内センサーが反応した。先にも述べた危機管理能力向上トレーニングのおかげもあるが、ほぼ同じ行動サイクルをとることでわずかな変化を感知する能力が伸ばされていったのだろう。

打席でのひとつひとつの動作もリズムならば、グラウンドを離れたときもリズムが大事と考えている。

もの静かに食事を済ませるイチローと対照的な元チームメートは佐々木主浩だった。酒好き、大勢でにぎやかに過ごすクローザーのプライベートタイムについて、イチローは「あれは佐々木さんのリズム。僕が同じことをすればきっと野球そのものに影響が出ると思うけど、逆に佐々木さんが僕のような過ごし方をしても絶対にうまくいかないと思う」と語った。先輩クローザーへのコメントからもうかがえるように、機械的にルーティーンをこなすことを目指しているのではない。自分にとっての快適なリズムをいつも探している。

リズムの大切さを身に染《し》みて実感したのは日本で最後のシーズン、二〇〇〇年晩夏の戦線離脱だろうか。同年八月二七日、神戸でのロッテ戦三回の第二打席でファウルチップの際に右脇腹《わきばら》を痛めた。原因には前日二六日夜に自宅近くの坂道をジョギングしたことがすぐ思い当たったという。

前々日の二五日、チームは日本ハムとの北陸遠征を終えて帰神。本当なら二五日夕食後にブルーウェーブ合宿所のジムで決められたトレーニングをこなすつもりだったが、知人との会食が長引いて急遽《きゅうきょ》キャンセルしていたのだ。その代替が坂道ランニング。「慣れないことをするとよくない、というのがよく分かった」と後にイチローは語った。

当時、弓子夫人と暮らす神戸の自宅マンションは山の手の閑静《かんせい》な住宅街にあった。オフシーズンならともかく、シーズン中は滅多に走ることがない固いアスファルトの急勾配《こうばい》を駆け上ったことで右脇腹に張りが出た。違和感にもかかわらず強行出場の結果が右腹斜筋挫傷《ふくしゃきんざしょう》。秋になっても故障は癒《い》えず、そのまま日本では打席に立つことなくメジャー行きが決まってしまった。

誤差に強い体質

米国では日本にいたときに比べて生活のリズムをつくりやすいのかもしれない。オリックス時代、先輩や同僚が「セ・リーグの連中は恵まれている」と話しているのを聞いて不思議に思っていたという。彼らの言う「セ・リーグは恵まれている」とは、神宮や横浜、東京ドームは都心の盛り場にすぐ繰り出せることや、贔屓《ひいき》にしてくれるタニマチがパ・リーグのチームに比べて多いなど、主にグラウンド外での恩恵を指していた。

「そういう誘惑に負けてつぶれていった選手はたくさんいた。僕だって西武球場や千葉からわざわざタクシーに乗って都内まで遊びにいったりしたけれど、それを〝恵まれていない〟とは思わなかった。むしろ、野球選手としてパ・リーグのそういうところはいい環境だったと思う」

たまに言葉が通じない不便さを感じること、気の利《き》いた日本食のレストランを見つけるのに少々骨が折れること以外、米国の方が生活パターンが単純で準備に専念しやすいのかも知れない。不測の事態は少ないし、日本にいるときよりも人間関係に気を使う状況は少ないからだ。

身の回りのストレスを小さくする努力の一方で、自分自身は多少の誤差に強い対応力をつけなければいけない、とも言った。

生活環境などの変化を外的なストレス要因とすれば、日ごとに変化する体調やバッティングの感触などは内的なストレス要因である。内外それぞれにイレギュラーが発生する幅を小さくすればおのずと結果は安定する。プロ二年目からずっと形が変わっていない自分のバットについてのコメントに、そんな考えが強くうかがえる。

「バットは水分を吸い込んで重くなったり、環境によって微妙な変化がある。バットが木という自然の材質でできている以上、常にベストの状態を期待するのは不可能なんです。だから、ピンポイントでバットがベストの状態にこないといけない選手ではこの世界で長くやっていくことはできない。長いシーズンを乗り切っていく上で、バットの変化をカバーできるような技術的な器《うつわ》の大きさを持っていないと苦しいんです」

長いシーズンでは普段より体が重く感じることや、体調の変化が必ずある。過去に微妙な感覚のズレを覚えたときもバットを変えようとは思わなかった。外的要因からくる誤差に対応できる能力が彼の言う「技術的な器の大きさ」だった。

今のバットはオリックス二年目のオフから使っている。作製はミズノテクニクスの久保田五十一《いそかず》（二〇〇三年一一月、厚生労働省認定の現代の名工一〇〇人に選出。二〇〇五年五月、黄綬褒章《おうじゅほうしょう》受章）。原型と出会ったのは一九歳。岐阜県養老郡にあるミズノバット工場にチームの先輩である小川博文（当時、二〇〇四年まで横浜）と出向いたときだった。

篠塚和典《しのづかかずのり》（巨人、プロ一九年で通算一六九六安打、打率三割四厘《りん》。現巨人打撃コーチ）

が使っていた形から少しだけヘッド部分を軽くした。長さ八五センチ、重さ約九〇〇グラム。軽量で高いミート技術の持ち主でなければ使いこなすことは難しいとされる、いわばアベレージヒッター用の究極形である。

太いバットを使うと芯《しん》に当たる確率も高まるがミスショットも増える。より確実にボールをとらえたい、という観点から極端に狭いスイートスポットと贅肉《ぜいにく》をそぎ落とした極細形状になった。久保田によると、プロ野球選手の使うバットは約一〇〇〇本のアオダモ角材から三〇〇本程度しかとれない。それがイチロー仕様バットは一〇〇〇本中約一二本。ここまでくればその一本ずつが芸術品である。

そんなプレミアムバットを一九九五年頃から特製ジュラルミンケースに入れて持ち歩いている。ケース内には乾燥剤を入れるポケットがあり、湿気による重量増を防いでいる。

この特製ケースを使い始めるまでは、晴れた日にバックネットで天日干ししていた。二〇〇四年、マリナーズのアリゾナキャンプを訪れた久保田には印象的なシーンがある。フリー打撃を終えた選手たちがそれぞれのバットを芝生の上に平気で放り投げる中、イチローだけがバットをグラブでそっと包み、まるで眠った赤ん坊をベッドに横たえるように置いていた。

バットのコンディションを可能な限り一定にする努力を続けながら、不振の理由を道具に求めることは絶対にしなかった。

「あれだけのバットを作ってもらって打てなかったら自分の責任ですよ」とイチローは語る。実は一九九六年七月六日、近鉄戦で左腕小池秀郎《ひでお》に三振を喫して思わずバットを叩《たた》きつけたことが一度ある。その後、我に返って久保田宛《あて》に謝罪メッセージを送っていた。「何人かの選手から、自分の手がけたバットについてお礼を言われたことは過去にもありました。でも、バットへの行為そのものを謝罪されたのはあの一度だけですね」と伝説的バット職人は語った。道具に対する意識の高さはイチロー流準備の特徴だった。

最高の道具がもたらすもの

グラブの作製もその道の名人、坪田信義《のぶよし》（二〇〇〇年に黄綬褒章受章）。ミズノ製のイチローグラブは何十枚もの地皮から選りすぐられた特別な皮で作られる。通常の外野手用は細長い形だがイチロー用は間口部分が例外的に広いつくりだ。二〇〇三年、二〇〇四年と二年続けて五ミリずつ間口が広がり、二〇〇五年型でひとまずそれが止まった。本拠地セーフコ・フィールドをはじめ、米国では各球場の整備状態が不規則でゴロが蛇行《だこう》したりすることが多いための備えだ。特徴は柔らかく、軽く、よく広がること。一般的に外野手用グラブは六四〇グラム前後だがイチロー用は約五二〇グラム。軟式用に似た柔軟さで「素手《すで》に近い感触。普通の人なら手が痛くなる」と坪田は言った。

名人が丹精《たんせい》込めて毎年キャンプ前までに五個前後を作り、その中から一つだけ気に入ったものをシーズンで使うという贅沢《ぜいたく》さ。毎日十分に時間をかけてオイルを塗り、手入れを怠《おこた》ることはない。

二〇〇六年型グラブの使い心地を確認するため、福岡にＷＢＣ（ワールドベースボールクラシック）日本代表合宿を坪田が訪ねたのは二〇〇六年二月二六日だった。クライアントに感想を聞く直前の名人は、「不安はいつもあります。私がどれだけいいものを作ったと思っても、いいか、悪いかはそれを使う人が決めること」と語った。六〇歳を超えたベテラン職人から、まるで合否発表を待つ学生のような緊張が伝わってきた。

「道具を大事にする気持ちは野球が上手《うま》くなりたい気持ちに通じる」とイチローは言った。丹念にグラブを磨くことで、ひとつひとつの自分のプレーにかける思いは強まり、道具作りに関わった人たちへ感謝の念が湧《わ》いた。

これ以上ない、というほど手のかかった道具を使っている幸せは何事にも替え難いものだ。その喜びをより精度の高いパフォーマンスに換えようとしていた。

アシックス製の専用スパイクは年々軽量化され、現在片足で二八〇グラム程度になった。マラソンシューズ用の超軽量素材を使い、合成樹脂でできた靴底を網目状にするなどの工夫で減量に成功した。

平均的な野球用スパイクが五〇〇から六〇〇グラムであることを考えれば驚異的な軽さだ。ただ、極度に軽さと機能性を求めたことで形崩れしやすい。一シーズンで二〇足前後を履《は》きつぶしてしまう。

新人でMVPを獲得した二〇〇一年オフのこと。米国の巨大スポーツ用品メーカー、ナイキが時の人イチローを看板クライアントにしようと画策した。所用でロサンゼルスにいた彼と弓子夫人を、オレゴン州ポートランドのナイキ本社まで専用ヘリコプターで案内するというド派手なプロモーションを仕掛けた。それ以外にもナイキと契約する大物スポーツ選手たちから直接の誘いもあったが、イチローは結局申し出を断っていた。

「やっぱりどれだけいいものを作るかどうかが大事だから」

毎年オフに足形をとり、新品でも初日から違和感なく使えるアシックス製スパイクを特別気に入っている。日本の職人たちの丁寧《ていねい》な仕事、細やかな気遣いとプロ意識の高さに強い共感を覚えているのだろう。

こうした彼の思いを知る私にとって二〇〇五年、新任のロン・ハッシー・ベンチコーチの行為は愚行としか思えなかった。

五月初旬のボストン遠征。手狭なフェンウェイ・パークの三塁側ベンチで同コーチがイチローのグラブの上に腰掛けたのだ。メジャーリーガーともなればメーカーがじゃんじゃん無償提供してくれるからか、それとも子供の頃から買い与えられることに慣れているのか、米国では道具を粗末に扱う選手、関係者が目立つ。

同コーチがうっかり腰掛けてしまったのか、それとも冗談のつもりだったのか真意は分からない。だが、ここで「日米文化の違い」などという安易な解釈はイチローには無理だったようだ。道具に対する思い入れを知る私には、彼の怒りが伝わってくるようだった。「選手がエラーしたら半分は自分の責任だと思っている。恐れ多い言い方になるかもしれませんが、彼らと一緒に戦っているつもりです」と話す坪田がこの一件を知れば、どんな顔をするだろうか。

二〇〇五年はその出来事以外にもイチロー流準備が何度か障害にぶち当たった。序盤でチームが優勝争いから脱落したため途中から新人が続々と昇格。彼らを鍛《きた》えるための早出練習が一番疲れのたまる夏場に連日行われたが、チームでただ一人全試合出場を続けていたイチローまでこれに駆《か》り出された。そしてその早出練習も開始時間がコロコロ変わり、彼を混乱させていた。

担当記者なりに振り返ると、二〇〇五年はイチローの自発的で徹底《てってい》したプロ意識が大雑把《おおざっぱ》な全体主義に殺されかけた最悪の一年に見えた。

幼い頃から準備の鬼

あらゆる可能性を考えて次に備える。不測の事故にも対処できる適応力を鍛える。そして精神的、肉体的コンディションのむらをできる限り小さく抑える工夫。これらの要素がひとつにまとまってイチロー流の準備は整った。

私には、彼の細かい数々の下準備が幾重にも張り巡らされた深い堀のように見えた。その本丸に座るのは高レベルで継続するパフォーマンスである。持てる才能すべてを発揮するための準備が、イチローを特別な存在に押し上げている。

二〇〇一年九月一一日、全米同時テロに世界が揺れた日。地区優勝までマジック1としていたマリナーズはアナハイムで足止めを余儀《よぎ》なくされた。ゲームは午前中に早々と中止が発表されていた。どこへ行くあてもなく、チーム宿舎ホテル近くのカフェで時間をつぶしていたイチローがぽつりと漏らした言葉が、今も私の耳に残っている。

「自分は幸せな人間だと思う。不幸な人間って、何ごとも何の苦労もなくできてしまう人でしょう。でも、それでは克服の喜びがなくなってしまう」

言うまでもなくニューヨーク、ワシントンをはじめとした米東部各都市は混乱の極みにあった。もちろん野球どころではない。ひょっとしてこのままシーズンが終わってしまうのではないか、いや、とてもこの状態でシーズンが再開するとは思えない……。少くとも、私はそう考えていた。

先行きの見えない不安は皆が感じていたが、大混乱のニューヨークから遠く離れた南カリフォルニアの空気はどことなくのどかで隔世《かくせい》的なムードさえ漂っていた。その日は全米上空が飛行禁止となり、普段とは違う静けさだった。妙なギャップが彼自身に普段見えにくい幸せを実感させたのだろうか。

同日の夕方、イチローはエジソン・フィールド（現エンゼルス・スタジアム）の外周を約四〇分ランニングした。いつシーズンが再開されてもいいように、体調を維持する目的のジョギングだった。しかし、たとえその日にバド・セリグMLBコミッショナーがシーズン打ち切りの断を下していたとしても、彼はきっと走っていただろう。いつになるか分からない、ゲーム再開のために。

幼い頃から準備の鬼だった。父・宣之《のぶゆき》さんを一九九九年に取材した際のメモには「次の試合会場となる球場にはほとんどイチローと二人で下見に行っていた」とあった。そして、「小学校のときは遠足の下見もしました。さすがに次の年からそれは止《や》めようということになった」とも。準備に準備を重ね、イチローが最後にたどり着く高みはどこだろうか。

「六〇歳で打席に立つ。五〇歳で盗塁することが究極の目標」と言ったのはメジャー一年目のオフだった。

「一〇〇メートル走の世界記録は今でも少しずつ上がっている。そう考えれば今のパフォーマンスが可能な年齢を上げていくことは可能だと思う。しっかり準備すればそこまでできる、ということを証明したい」

それから四シーズンが経過した二〇〇五年一〇月二二日。三二歳の誕生日を迎えた日に「早く年をとりたいですよ」と楽しそうに言った。それだけまだ衰えを感じない、ということなのか。

「一〇年前の写真や、自分が言っていることをいま振り返れば年を取った、ということを感じるかも知れない。でも、いまだけの自分を見ていると、年を取ったな、と感じることはないですね」

人とは違う準備を重ねてきた。そして、人とは違う結果を出し続けている。還暦を迎えたイチローが打席に立ち、大観衆から祝福の拍手を贈られる可能性を笑ってはいけない。あと二八年後、本当にそのときが来たとしたならば……彼はまだチーズピザを食べているのだろうか。

V　好プレーを生む暮らし方

イチローの得意料理

透き通った鶏《とり》ガラスープから食欲をそそる湯気がのぼっている。丼《どんぶり》に浮かぶのは細身の麺《めん》。具は細かく刻んだネギが少しだけ。

上品な味わいと絶妙な茹《ゆ》で具合の細麺。平凡なインスタントラーメンは現役最高の安打製造機の手によってなかなかの一品となった。イチローの意外な〝得意もの〟のひとつである。

即席ラーメンなんてただ湯を沸かして乾麺を放り込むだけ、大げさな、と考える人もいるだろう。

弓子夫人と付き合い始めた頃。イチローが彼女のバースデーに初めて披露した手料理が即席ラーメンと目玉焼だった。弓子夫人は二つのごくシンプルな〝料理〟が大変上手に仕上げられていることに驚いた記憶がある。

人気ブランドのミネラルウォーターを使ったところがユニークだったが、それ以外にイチローラーメンの〝秘伝〟はない。それでも添付の粉末スープを溶いただけのダシは濃すぎず、薄すぎず。ちょうどいい湯温と麺の固さに出来上がっていた。

袋の裏側にある作り方に従うこともなく、麺を熱湯に解《と》いてきっちり三分計るようなこともない。もともとが誰にでもつくりやすいインスタントラーメンである。変化をつけようにも工夫は限られているが、自分なりにツボを押さえてそれなりに仕上げた。そんなところに彼なりのプロフェッショナリズムを感じてしまう。

一見適当にやっているようでいて決して手を抜くことはない。本物のプロは何ごとも楽にやろうとしない。野球以外のプライベート全般にその姿勢は一貫していた。そして彼は微妙な違いにこだわり、そのわずかな差異を驚くべき感度で察知した。

イチロー特製を自負するのはキムチ鍋《なべ》。だが、私がインスタントラーメン同様に興味を覚えたのは彼の好物であるプリンにまつわる話だった。

イチローは市販のプリンを自分でつくる。指定のつくり方ではプリン粉末を牛乳に溶かして冷やし、固めるのだが、彼はここにミネラルウォーターを加えた。水とミルクを混ぜるのは母・淑江《よしえ》のやり方を継承している。しかし、彼が特別なのは牛乳とミネラルウォーターをミリ単位で配合し、その微々たる違いを味覚できるところだった。

たまに弓子夫人がつくったプリンで、イチローは水の配分の違いを完璧《かんぺき》に言い当てた。それは弓子夫人の手料理全般に対しても同じである。普通の人なら何げなく食べ過ごしてしまうであろう、ちょっとした食感や味の違いをほとんどの場合で指摘した。プルプルとしたイチロープリンの食感と滑らかな舌触りには、彼のプロフェッショナリズムがぎゅっと濃縮されているような気がする。非常に細かいことを感じる能力を神経質と決めつけるのは間違っている。

本物のプロは、人が気付かない繊細さを感じ、その細やかさを大事にする。本業と私生活は、ときに密接なのである。

悪役を演じる

二〇〇六年一月四日、イチローはフジテレビの人気ドラマシリーズ「古畑任三郎《にんざぶろう》」に出演して話題になった。野球一筋のストイックな男が俳優に挑戦という意外さが、野球ファン以外の一般層にも受けた。

本来なら畑違いの俳優業など論外だ。しかし、古畑シリーズだけは別だった。もし同シリーズのカルトクイズ大会があれば上位入賞間違いなしというほどの大ファンなのだ。

同シリーズのＤＶＤは全巻持っている。何度も何度も繰り返し見て、一つ一つの場面で誰が何を言ったかまで正確に覚えている。

ドラマ収録が東京都世田谷区の砧《きぬた》撮影所で行われたのは二〇〇五年一一月だった。田村正和《まさかず》、西村雅彦《まさひこ》らとともに特別ゲスト出演者として参加した。撮影に同行したイチローの所属事務所代表・岡田良樹《よしき》によると、約二週間に及んだ収録では集合時間の二時間前に必ずスタジオ入りして万全を期したという。台本は完璧に暗記していた。

自分が心惹《ひ》かれた作品に宿るプロフェッショナリズムは何か。現場では変にチヤホヤ扱われることもなかった。主役、端役《はやく》にかかわらず、裏方の関係者たちも含めて全員がそれぞれの仕事に没頭していた。そんな制作現場の一途《いちず》な空気と作品の仕上がっていくプロセスは彼のポリシーに合致したようだ。イチローは「違う世界で一流と呼ばれる方々と接してすごく刺激になった。気持ちのいい体験だった」と語った。

ドラマ出演初体験からくる緊張がやっと解けたのは、撮影開始から数日が経過したある一日だったという。

「古畑任三郎」の撮影では、一つ一つのシーンをそれぞれの出演者がチェックできるようにモニター付きブースが備わっている。当時、ドラマ撮影は中盤に差しかかっていた。隣ブースでは主演の田村正和が真剣な表情でモニターを眺めている。それは撮影したばかりの、主役・古畑任三郎と犯人役イチローが絡《から》む場面だった。

隣り合わせのブースから、イチローはベテラン俳優の目線の行方をさりげなくチェックした。田村の視線は彼自身が演じる古畑任三郎の動きだけを追っている。同じカットに入るイチローの演技は全く眼中にない様子である。

そこで初めて確信した。田村からの「君は大丈夫。安心していなさい」の言葉は、素人《しろうと》の自分を落ち着かせるための方便ではなかったのだ、と。

つまり、もし自分が本当に足手まといになっていたとするならば、主役の心配げな視線がわずかでも自分に注がれていたはず、と解釈したのである。

野球界のトップスターに登り詰めてもう一〇年以上が経過した。他人の褒《ほ》め言葉には意識せずとも懐疑《かいぎ》的で、それが本音かどうかは慎重に確かめる習性がついていた。

それだけに大ベテラン男優の何げない仕草に安堵《あんど》した。

後日、田村がイチローに贈った言葉は「君は役者神経がある」だった。詳しい意味は聞けなかったが、カリスマ俳優が口にした「役者神経」という言葉から、私はイチローの球場での立ち振舞いを連想した。

周りの風景にごく自然に溶け込みつつ、第三者の意識にその存在が焼きつくような印象がある。ひとつひとつの動作にスキがなく、かといって嫌みに感じさせない独特の空気が彼の周囲にはある。

「古畑任三郎」同様、彼がはまったDVDは唐沢寿明《としあき》主演の「白い巨塔」だった。「白い巨塔」は大学付属病院内に渦巻く欲望や利害関係の内幕を赤裸々に描いたロングヒット（原作は山崎豊子著、『白い巨塔』、新潮文庫刊）。このシリーズに関しても、ストーリーが分かればそれでお終《しま》い、という軽いノリの鑑賞ではない。出演者一人一人の表情やセリフを繰り返し楽しみ、それぞれの物まねができるほどじっくり見た。

「白い巨塔」での最も好きなキャラクターを財前五郎教授だと言った。財前は権力欲と欺瞞《ぎまん》に満ちた俗物であり、ドラマが描く院内の腐敗した人間模様を象徴する主役。「古畑任三郎」では殺人犯役を嫌がることなく引き受けた。悪役を演じ、そして悪役・財前を「好き」と公言するあたりが彼らしかった。

実生活で本物の悪役を目指すわけでは決してない。だが、どちらかといえばヒーロー役よりも悪役に目が向く性格は、イチローが野球選手としての在《あ》り方をどう考えているのかを読み解くヒントになるような気がする。

「常識と言われることを少しでも変えてやろう、というのが僕の生きがいのひとつにある」と語ったことがあった。強烈なインパクトで観客はもちろん敵味方両方の心に残るプレーを望む。模範解答よりも常に型破りの面白さを求めている。

後に詳しく触れるが、個性は萌芽《ほうが》の段階で周囲からの反発を受けた。だが、犠牲を伴わない変化に多くの進歩を期待できないのと同じで、時には他人を怒らせるほどの毒がないと観客を喜ばせることなど無理だと感じているのではないか。

自分を見つめる冷めた目

少し横道に逸《そ》れる。ミスタープロ野球・長嶋茂雄《ながしましげお》が語ったとされる「プロ野球は時代を象徴する」とのコメントを、野球選手イチローを観察する上で私は以下のように置き換えている。

かつて日本には「巨人、大鵬《たいほう》、卵焼き」に象徴されるヒーローの全盛時代があった。当時球界のトップスターと言えば長嶋、王のONコンビ。とりわけ大輪のヒマワリにたとえられた長嶋は同時代のシンボルだった。

誰もが右肩上がりの成長と明日の希望を信じた戦後高度成長期だった。ヒーローは汚《けが》れなきものとのイメージが疑われずにすんだ時代だったのではないか、とその頃生まれたばかりの私は当時を想像する。

翻《ひるがえ》って現代。賛辞一色の英雄にどことなく胡散《うさん》臭さを感じてしまうのは私だけなのか。

インターネットに代表される新興メディアが著しく発展を遂げ、写真雑誌などの台頭により著名人のプライバシーは商品と化した。それこそありとあらゆる種類の情報が巷《ちまた》に溢《あふ》れ出て、ひと昔前は聖職とされていた教師、医師、弁護士や牧師らが新聞の三面記事を賑《にぎ》わすことも珍しくない。絶対的な正義が見えにくい時代である。

そんな混迷《こんめい》の時世《じせい》でイチローは誤解を恐れず正直に発言し、一徹《いってつ》に本分を全《まっと》うしようとする。

現世のヒーローは簡単に笑わない。的外れな問いには毅然《きぜん》と「何が聞きたいのか分からない」と返し、時には毒を含んだ皮肉を吐いた。たとえ一試合三安打でも納得できなければ素っ気ない。彼に最も似合わないのは取り繕《つくろ》いの笑みだった。

「道具も設備もいろんなものが進化しているのに選手が変わらないのはおかしい。古いものは大切にして、でも新しいものもそこに加味されてもっと大きなものになる」

古風だが決して頑固ではないという姿勢も、あえて悪役を演じたことと無関係ではないだろう。意外だった役者イチローは、知らず知らず一つの考え方に縛《しば》られそうになる彼自身の活性化を図っていたかのようでもあった。


気に入ったDVDは何度も飽きずに見る一方で、テレビやインターネットにはあまり縁がない。新聞、週刊誌の類《たぐい》もほとんど読まない。特に目にすることが少ないのはスポーツ番組や野球に関する記事である。

大ブレークした一九九四年シーズン初期。当時はスポーツ紙の一面などで取り上げられることを心地よく感じていたが、ある日その慢心に気付いて一切読むのを止《や》めた。

「グラウンドの上でのベストのために、自分でやれることはすべてやる」

「他人の視線が気になると、自分自身を見失いやすい」

「自分の真意が必ずしも伝わらないものをあれこれ気にしても仕方がない」

経験則から、スポーツメディアに目を通すことは一利なしと判断した。新聞や雑誌に載っている程度のデータでは相手投手の状態を判断する参考材料とならないし、駆け引きする上で逆に要《い》らぬことまで考えてしまうリスクさえある。第一、ほどほどの成績を見て悦に入っているようなら、そこそこの成績で選手生活を終えていただろう。持ち上げられて喜んでいる自分を、冷めた目で見つめるもう一人の自分がいる。

数々の記録、タイトルにもかかわらず、それらの受賞で大げさに喜ぶことがあまりない。メジャー通算一〇〇〇安打到達の瞬間がそうだった。

二〇〇五年六月一四日、セーフコ・フィールドで行われたフィラデルフィア・フィリーズとの交流戦第一打席。右腕ジョン・リーバーが投じた内角直球を右翼フェンス直撃のヒットとし、メジャー通算六九六試合目で通算一〇〇〇安打に届いた。チャック・クラインの六八三試合、ロイド・ウェイナーの六八六試合に次ぐメジャーリーグ史上三番目に早い大台到達だった。本拠地のファンは総立ちの喝采《かっさい》で偉業を称《たた》えたが、本人は迷った末に声援に応《こた》えるのを踏みとどまった。当時の打率が同時期としては自己最低の二割九分五厘《りん》だったことが、ヘルメットを掲げての返礼をためらわせていた。

「応えるべきか、応えないでおくべきか。あそこでは自分の中で戦いがあったが、今の成績ではやるべきでない、と考えた」とコメントした。自らを俯瞰《ふかん》するもう一人の自分はとてつもなく理想が高かった。

メジャーリーガーとなってから、奇抜さで目立つような彼の私服姿を見たことがない。ヒップホップ系のダボダボTシャツ、ジーンズを好んだ時期はオリックス時代の初めだけで、それはむしろ若気の至りとでも言うべきだろう。

現在はジル・サンダーなどスタイリッシュなイタリアンブランドに身を包み、ビンテージもののジーンズを好んで穿《は》く。弓子夫人の趣味も多少影響しているだろうが、自分の特徴や雰囲気をすきなくコーディネートしているように見える。

本物の役者が感心した「役者神経」と、自らをどこかで冷めた目で見つめるもう一人の自分。オリジナリティを出しにくい即席ラーメンを目分量で完璧に仕上げてしまう勘のよさ。日常とグラウンドでの所作は、いくつもの線でつながっていく。

意外にも新聞で必ず開くのは株式欄である。中学生の頃から株に興味を持っていた。ギャンブルはいけないが株なら、との祖父の教えがあった。

当時は年齢制限のために自分で売買はできなかった。父・宣之《のぶゆき》さんが息子の意思を代行した。現在では約三〇銘柄を持っているという。専《もっぱ》ら株価と為替レートの確認としてインターネットをのぞく。

個人のメールアドレスは一時帰国した際に使用する携帯電話用だけ。実質的には受信専用に近い。アナログ人間というよりも、イチローはネット原始人という表現が妥当かもしれない。二〇〇五年オフ、それまで使っていた日本の携帯電話を買い換えたが、それは以前と同様のごくシンプルな性能の機種だった。やや古いモデルだったため、入手には時間がかかった。

外部とのコミュニケーションという点で、イチローの英会話能力に興味を持つ人も多いだろう。

二〇〇五年四月二二日、セーフコ・フィールドでのインディアンス戦前。前年の年間安打記録更新の偉業を称えてコミッショナー特別表彰が行われた。歴代受賞者は過去七人でバリー・ボンズ（二〇〇一年に年間最多本塁打七三を記録）、ロジャー・クレメンス（二〇〇三年に通算三〇〇勝と四〇〇〇奪三振）ら錚々《そうそう》たるメンバーだ。

この時に生まれて初めて英語でスピーチした。「（受賞者の）名前を見れば軽く考えることはできなかった」と自宅で念入りにリハーサルして本番へ。緊張で表情は硬いままだったが、二分一八秒の挨拶《あいさつ》は滞りなかった。

「役者神経」と重なるが形態模写は相当なレベルにある。その能力もプラスに働いたのか、五年間の米国生活で日常会話程度の意思疎通《そつう》は問題なくこなせるようになった。

それはチームメートたちの証言からも分かるのだが、一方で米国メディアとの会見やチーム首脳陣との話し合いでは必ず通訳を伴った。他愛《たわい》ないお喋《しゃべ》りならともかく、重要事項はできる限り正確に伝えたいという意志が働いていた。

会見は基本的に日本のメディアと米国メディア個別に行っている。それが日米双方の一部メディアから「それぞれに違うことを言っているのでは」と疑われる原因にもなっているのだが真相は違う。

二グループに分けて接したのは、否応《いやおう》なくほぼ毎日会見を続けている日本人の新聞記者たちと、活躍時にのみ話を聞く米国記者たちとの間でイチローに関する知識の差が生じたためだった。さらには通訳を介することでやりとりの流れを切りたくない、という思いもあるようだ。

質問者のレベルが違っていれば会見は分けて行ったほうがスムーズにいく。そして、質問の内容も同じではないからコメントも必然的に違いが出る。ただ、違っているように見える日米それぞれでのコメントも大きな流れではほぼ同じ内容である。こんな細かいこだわりが、イチロー流のセルフプロデュースだ。

「なりたい人」と「やりたい人」

DVD鑑賞に並ぶか、それ以上の趣味は車である。オリックス時代は日産のインフィニティで球場に通っていたが、プライベートでは同社の大衆車マーチを自分好みにチューンアップして乗り回していた。

高級車を自分のステータスシンボルにする考えもなければ、外見で衆目を集めることにも関心はない。車はあくまでも走りの楽しさやフィーリングを優先させているように見える。

渡米後も日産のスカイラインで球場に通う。日産好きはかつてCM出演していたよしみからではない。車の性能、走りに関するフィーリングが自分の求めるものに合うという。

車選びの哲学は身に着けるものにも表れた。イチローらしさ、という点ですぐ私が思い浮かべたのは鞄《かばん》と扇子、二つの小道具だ。

愛用鞄はボッテガ・ベネタ社製。イタリアの伝統ブランドであるボッテガの鞄はシャネルやルイ・ヴィトンのようなひと目で分かるブランドマークが見当たらない。使い心地がよかったことや機能性が一番の理由であるが、デザインのさりげなさとクオリティーの高さも心をとらえたようだ。

愛用の扇子はその道の名人によるオーダーメード。市価に直せば数十万円は下らない、とされる。二つの小物とも分かる人にしか分からない超一流品。本当の満足感はあくまでも自分が納得して生まれる。自慢せずひそかに楽しむ美学が彼にはある。


もの持ちの良さも彼のプライベートを語る上で欠かせないだろう。

オリックス時代に乗っていたインフィニティは、渡米後も二年ほど馴染《なじ》みのディーラーのもとに預けて大切に管理していた。その後、愛車の管理担当者が引退して友人に譲ることになったが、買い手が自分と同じように車好きであり、丁寧《ていねい》に乗ってくれるかどうかを十分に検討して引き渡した。それはまるで愛着のあるペットを仕方なく引き取ってもらうかのようだった。

街でお気に入りのセーターとジーンズを見つけたとする。どちらを優先して買うのか、の問いに「僕なら二倍の値段でも断然ジーンズを買う」と即答した。

「ジーンズは使っていくうちに味が出るけれど、どんなセーターでも二年も経《た》てば飽きがくる」

衝動買いがないわけではなく、セーターを買わない主義があるわけでもない。ただ、迷いが生じた場合には長い間付き合っていける方を選んだ。哲学は明確だった。

本物は使えば使うほど味が出る。原理は少年時代の実体験から学んでいた。小学校六年生でプロが使うような本格派グラブを使った。ミズノ社製の「牛島モデル」だった。

中日のクローザーを務めた牛島和彦《かずひこ》が愛用していたのと同じ型のグラブは当時三万九〇〇〇円もした。今なら六万円近くに相当する超高級グラブをはめていたのは鈴木一朗少年一人だけだった。

「子供用の安いグラブを毎日使っていればすぐ駄目になる。それでいくつも買い替えていたら結局同じくらいのお金がかかっていたと思う」

分不相応な最高級品ではあったが結果的に金で買えない教訓を得た。

「そのグラブをよく手入れすることで長く使うことができた。そんな経験が本当にいいものが好きという僕の嗜好《しこう》のもとになっているのかも知れない」

長い公式戦での一時的な爆発は「誰にでも起こり得ること」と素っ気なかったが、

「長い間、安定した成績を残すには本当に力がないとできない」と価値を置いた。ヘッドスライディングやダイビングキャッチを試みない理由は「頭からいったほうが明らかに遅い」が一番にあるが、故障による長期戦列離脱のリスクを避ける意味もあった。

野球も、私生活も、遠い先まで見据《みす》えて準備する。あらゆる行動の起点に長期にわたっての安定が考慮されていた。それが、持てる力を最大限に発揮するために一番効率のよいことと考えている節がある。ただ、それを「細く長く続けていく」と言わずに「太く長くやりたい」としたのが独特だった。

「太く短くでは、コンスタントに力を出すことへの自信のなさの裏返し。細く長く、ではどれも抜きんでたものがない、ということになる」

中学卒業時、豊山《とよやま》中学野球部の後輩に懇願《こんがん》されて譲り渡すまで、初代・牛島モデルを使い続けた。「その後輩も（そのグラブを）すごく大事に使ってくれた」と嬉《うれ》しそうに述懐した。

本拠地セーフコ・フィールドから約三〇分。湖を見下ろす高台の邸宅で二〇〇一年暮れから約四年間を過ごした。夜になると鹿《しか》やコヨーテが徘徊《はいかい》するようなエリアで、オフシーズンはゴルフの打ちっ放しや愛犬・一弓《いっきゅう》の散歩が日課というもの静かな生活を送る。

公式戦中はともかくとして、秋冬となればシアトルの中心部に降りてくることはほとんどない。セーフコ・フィールド施設内でのトレーニングにはほぼ毎日通っているが、それ以外でダウンタウン界隈《かいわい》を訪れるのはたまの外食くらいだろう。

日本にいたときもそうだったが、有名人や財界人との交流は少ないほうだ。国民栄誉賞を二度も打診されるほどの超大物スポーツ選手にしては地味な交友関係と言える。そして彼のほとんどの友人たちは、その交友を大げさに吹聴《ふいちょう》することがないことでも共通していた。

彼の知名度と名声をもってすれば、交友の輪は広げようと思うならいくらでも広げられるだろう。しかし、「僕は（純粋に野球を）やりたい人。（野球をすることで偉く）なりたい人ではない」と言った。野球は、名声を得る手段ではない。やりたいことに専心して、結果的にそれがついてくる。端的《たんてき》な「なりたい人、やりたい人」の例えはイチローの人生の指針をくっきりと浮かび上がらせる。

本物のプロにとって、地位や役職はさほど重要なものではない。あくまでも大切なのは質の高いパフォーマンスや作品であり、それらを生み出す準備である。権威や肩書に縛られない人間関係はまさにプロフェッショナリズムの産物だった。

プロはプロらしく

ひっそりと人知れず、気ままなオフシーズンの暮らし。現代の仙人を思わせるような生活で彼は次の一打、一投の力を蓄《たくわ》えている。プライベートでの横顔を見せることは滅多にない。

多くを語らず、本業の野球にストイックに取り組むイメージは日米ファンの間でも浸透している。グラウンドでの実績が第一にあるのは間違いないが、彼の醸《かも》し出す神秘的な雰囲気はその人気の大きな部分を占めているような気がする。すべてが明かされないからこそ、普通の人はそれを覗《のぞ》いてみたいという欲求をもって彼の動向を追いかける。

ただ、イチローを追いかけるすべての人が好奇心に駆《か》られているわけでもない。

二〇〇一年六月のサンフランシスコでの出来事である。午前二時すぎ、いつものナイター後の遅い夕食からの帰り道。深夜の路上で突然、声をかけられて関係者一同が凍りついたことがあった。

マリナーズ選手宿舎ホテル玄関まであと1ブロックの、ユニオン・スクエア近くの交差点。一人の少年の叫び声が深夜の静寂を裂《さ》いた。

「頼むよ、イチロー。二〇〇ドル払う！　ひとつだけでいいから！」

目的はサインボールの入手だった。その後の転売は明らかである。当時マリナーズはアスレチックスとの三連戦中。少年は前日、選手の家族と偽り、球場の関係者入り口からクラブハウスに侵入しようとしてつまみ出されていた。

穏やかに終わろうとしていた一日が少年の絶叫で後味の悪いものになった。無節操な要求にイチローが応じることはなかった。

ここまでだけなら「ひとつくらいサインしてやれば」と思う読者も多いのではないか。だが、問題はそれほど単純ではなかった。

アメリカの主要都市にある一流ホテルの車寄せや玄関ロビー前に、突如現れる奇妙な集団がいる。古ぼけたバッグやカードホルダーを手に持った一団はスポーツ選手や有名人の出入りを注意深くチェックし、彼らがハイヤーなどに乗り降りする一瞬に群《むら》がっていく。時にはガードマンの目をかいくぐってホテルロビーに侵入し、お目当ての選手をしつこく追いかける。高値で売買されるサイン入りグッズ、〝メモラビリア〟の仕入れ現場の光景である。

二〇〇四年春のニューヨーク遠征では偽《にせ》ガードマンが現れた。

「僕はこのホテルに雇われているセキュリティーの一人だ。部屋までエスコートします。ファンがたくさん追いかけてきて大変でしょう」

そう言って中年の大男が怪しげなバッジを示し、エレベーターに乗り込んだ。ドアが閉まると偽ガードマンはおもむろにサインペンとボールを懐《ふところ》から取り出したのだった。

彼らは時にホテル関係者をも抱き込んでいる。群がる彼らを追っ払ったボーイがそっとポケットからボールとペンを差し出すという、安っぽいコメディのような場面も目撃した。

実の親が子供を使ってサインを集めようとするケースもしょっちゅうだ。他人同士が親子連れを装《よそお》うこともよくあるらしい。ミネソタ・ツインズの本拠地ミネアポリスでは大人と子供二人組の車がイチローの乗ったタクシーを執拗《しつよう》に追い、信号無視と逆行を三〇分近く繰り返したことがあった。

あまりにしつこいので仕方なくイチローが応じると、彼らは隠し持っていたインスタントカメラを素早く取り出しシャッターを切った。高値をつけて売る時に、本当にその選手がそのボールにサインした、という証拠写真をつけるためだった。

イチローのサイン入りメジャーリーグ公式球は現在でも一個五〇〇ドルを下らない。マリナーズのレギュラークラスならだいたい八〇ドル前後。プレミア度はメジャーリーグ全体でも屈指。

イチローと並んで最も地元で親しまれていたエドガー・マルティネス（二〇〇四年に引退）でさえ一個二〇〇ドルだった。シアトルで行われた二〇〇一年オールスター戦公式球はマリナーズのチームカラーにちなんで、濃緑の縫い糸が使われている。この記念公式球にイチローがサインしたものには実に一〇〇〇ドルの値が付けられた。

二〇〇〇円もしない公式戦使用球にさっとサインペンを走らせるだけで五、六万円にもなる。サンフランシスコの街角で関係者たちを驚かせた少年は、ブローカーの買い取り価格二〇〇ドルの〃仕入れ値〃を差し引いてもけっこうな儲けと計算したのだろう。

だが実際に選手本人のサインを入手しようとするだけ多少はマシなのかも知れない。最近は結構な数の偽グッズが驚くような高値で出回っている。

背景には巨大なマーケットの存在があった。アメリカでメモラビリア専門店はそれこそちょっとした都市には必ずある。今ではインターネットを通じて高価な取引もされる有名スポーツ選手のサイン入りグッズは、アメリカンスポーツの華やかさ、スケールの大きさを象徴する一方で、選手と彼らを追いかける人たちの間に今日も悲喜劇を巻き起こすのだ。

日本の一部メジャーリーグ評論家らが「アメリカでは選手が必ずファンの要求に応じてサインをしている」と話すのを聞いて違和感を覚えてしまう。実際には相手を選び、転売を防ぐために相手の名前を書き入れるなどの工夫をする選手が結構いる。メモラビリア収集が目当ての人々が、イチローの平穏な日々を侵食したのは言うまでもない。だが、無作法な彼らは穏やかな生活を乱そうとする人たちのほんの一部に過ぎないのだった。

メジャー一年目の二〇〇一年、球場から高速道路で約一五分の市街にコンドミニアムを借りていたが、同年オフから二〇〇五年までを過ごしたのは山麓《さんろく》の一軒家だった。そこでは日本の週刊誌がヘリコプターをわざわざ飛ばして自宅の様子を空撮したことがあった。日本のツアー客と添乗員を乗せたマイクロバスが自宅前に止まることもよくあったという。

イチローは二〇〇六年から新居に移る。今度は湖畔の邸宅。より静かな暮らしを求めての引越しだが、今後はどんなハプニングが待ち受けるのか。

「一人でハンバーガー買いに行けるのがいいよね」

二〇〇一年一月から開幕まで、イチローが普通の人の生活を満喫できたのはわずか三カ月足らずだった。当時の取材ノートには彼のささやかな喜びの言葉が記してある。最近はもうちょっとした買い物さえ誰にも気付かれずに済ますのは難しい。ただ、不特定多数の見知らぬ人々との付き合い方にも独自の思考があった。

「結局、人が自分のことをどんなふうに話すかなんてどうすることもできない。すべては見ている人たちの楽しみ。野球ファン総評論家でいいと思っている。それについて僕があれこれ違うと言うのはナンセンスだと思っている」

二〇〇三年シーズンのある日。遠征先のクラブハウスで熱心に文庫本を読むイチローを見つけた。「何読んでるの?」と聞くと「それは言わない。でも、みんな僕が文庫本を読んでいるイメージは持ってないでしょう? 本当は中学の時から結構、文庫本は読んでいるんだけどね」と楽しげに言った。

あれこれ推理をめぐらすことがファンの特権だと考えている。隠し味のテクニックを披露《ひろう》することが必ずしも親切だとは限らない。つくり手と客の境界線は、はっきりと引いてある。すべてを明かすことはせず、そしてイチロー自身も少しずつ新しいものを取り入れて変わっていく。ファンの好奇心との追い駆けっこは、彼が野球選手である限り続く。

VI

逆風を楽しむ心

コインが引き金、〝ザ・スロー〟

ほれ、と差し出した右手のひらには、かすかに泥の付いた二五セント硬貨があった。

「痛い、と思ったらこれですよ。投げられるのは仕方ないけど頭に当たるとさすがに痛い」

しょうがねえな、という苦笑いが浮かんでいた。薄汚れたコインをロッカーに向かって放り投げ、イチローはいつものようにグラブを磨き始めた。

二〇〇一年四月一一日はイチローの名を全米に知らしめたナイトゲームになった。

カリフォルニア州オークランド、アスレチックス戦八回の守備である。一死一塁でラモン・ヘルナンデスが放った右前への鋭い当たりに、一塁走者テレンス・ロングは迷うことなく二塁を蹴《け》った。マリナーズが3点リードも一、三塁のピンチ——。だれもがそう思った時、ライトから光線が伸びた。

「それまで彼がライトからサードまで投げるのは見たことがなかった。でも、一度見たらもう一生忘れられないよな」

ルー・ピネラ監督の満面の笑みを連想させるコメントがスコアブックに残っている。ロングは三塁の一歩半も手前でタッチアウトとなった。光線の軌道が目に焼き付いたのは指揮官だけでなかった。

翌日、シアトルの地元各紙には一斉にチームメートの驚きが載った。

「あれを見て〝なんだこりゃ〟って感じだった。肩が強い評判は知っていたけど、〝でも日本では、ということだろ〟と思っていた。それが〝メジャーで一番じゃないか〟って思い直すことになるとは」

ベンチから見守っていたピッチャーのポール・アボットは呆《あき》れたように首を振っていた。

三塁でストライク送球を受け取ったデビッド・ベルは、「あんな低い弾道であの距離からの送球は滅多《めった》に見られるもんじゃない。本当にすごい」とグラブの底を叩《たた》いたボールの勢いに舌を巻いた。

「サードのラインを横切るときに振り向いたら、もうボールが飛び込んできていた」。マウンドから三塁バックアップに走ったアーロン・シーリーは、見たこともない伸びの送球に唖然《あぜん》とした。

右翼定位置よりやや前から三塁ベースまで、力強い送球の軌跡は真っ直《まっす》ぐに張られた白いロープのようだった。当時、実況アナウンサーが思わず発した〝レーザービーム〟。その後も敬意とともに語られるようになった一投だ。実はスタンドから投げ込まれ、新人右翼手の後頭部を直撃したコインがひと役買っていた。

「あれをもう一度やれと言われても、もう見せられない」とイチローは言った。

特殊な高揚感を覚えた時に打球が飛んできた。激しく沸き上がる感情、そしておあつらえ向きの打球とゲーム展開。すべてが嚙《か》み合って語り継がれる〝ザ・スロー〟となった。劇的化学反応の触媒《しょくばい》は、何の変哲もない二五セント硬貨だった。

その日は休養のため開幕八試合目で初めて先発を外れていた。八回表攻撃で先頭のチャールズ・ギブソンの代打。変化球に体勢を崩されながらも左前打で突破口を開いた。その後0―0の均衡を破る先制ホームを踏んだ日本人ルーキーに敵地ファンから容赦のない罵声《ばせい》が飛んだ。

オークランドのファンは荒っぽさで全米に知られている。二〇〇四年シーズン終盤は、テキサス・レンジャーズの一部選手とファンがベンチ越しにいがみ合い、パイプ椅子《いす》を投げ合う騒ぎにまで発展したことがある。

私は二〇〇二年晩秋にNFL（ナショナル・フットボール・リーグ）取材で同球場を訪れたことがあるが、そこで見た一つの光景はとんでもないものだった。ビールをしこたま飲んで酔っぱらった地元オークランド・レイダースのファンたちが、便所に並ぶのを我慢しきれずにモップの立て掛けてあったバケツに次々と用を足し始めたのだ。あっという間にフロアにあふれ出た汚水を見て、彼らはさらに大きな歓声を挙げたのだった。

レイダースファンほどではなかったにせよ、行儀の悪さで評判のアスレチックス党がフラストレーションをためていたのは容易に想像できた。

前日一〇日から始まっていた三連戦はシーズン最初の直接対決シリーズだった。前年二〇〇〇年は公式戦最終戦まで地区優勝を競い合った二チームだけに、開幕直後とは思えない物々しさが漂っていた。

「イチローメニア・ストップス・ヒア（イチロー狂騒曲、ここに終わる）」

スタンドでは、そう大書されたメッセージボードがあちこちで揺れていた。

「気持ちよかったな。本当にあれで（球場全体が）シーンとなったからね」

打ちたい、いいプレーをしたい、という欲求が実際その場面に直面したときに強すぎるとミスが起きやすい、と先に書いた。しかし、その欲求と外部からの圧力を感じて抗《あらが》おうとする気持ちは違っていた。

コインのほか右翼スタンドから投げ込まれたのは紙コップやボトルキャップなど。ゴミが降り注ぐ二〇〇一年四月のオークランドの右翼定位置付近では、イチローの反発心が集中力にプラスに作用した。

頭部死球からの復活

もともと、向かい風を感じたときの歩みは普段より早くなる。逆境になればなるほど、さらに強く、確かな歩調で前に進もうとするところがある。レーザー・ビームから三年と半年近くが経過した盛夏。カンサスシティで頭部死球に倒れたときもそうだった。

二〇〇四年八月一八日のロイヤルズ戦三回一死の第二打席、1ストライク2ボールからの四球目。新人右腕ジミー・セラノの一四六キロストレートがすっぽ抜けて右後頭部を襲った。パカーン、という甲高い音とともにイチローは昏倒《こんとう》した。打席でうつぶせになったまま、一〇分近く動けなかった。一番打者が弱々しく立ち上がった時にはもう代走選手が一塁に立っていた。三塁ベンチから飛び出したリック・グリフィン・チーフトレーナー、ボブ・メルビン監督二人の青い顔が印象的だった。

寝起きとも、病み上がりとも違うスッキリしない感覚があった。試合後、カウフマン・スタジアムのロッカールームでは、翌週シアトルでのロイヤルズ戦で再びセラノと対戦する可能性を問われた。「別に……。あんな普通のピッチャー（との対戦が）楽しみではないですよ」。気丈《きじょう》に返したが、普通ではなかった。

試合中に行われた応急の診断では軽い脳震盪《のうしんとう》。幸いにも翌日午前中の精密検査で異常がなければ大丈夫、とされていたが、イチローは文字通りふらついていた。普段は旺盛《おうせい》な食欲も今ひとつのようだ。試合終了後も四〇分近くトレーナールームのベッドで横になって静養したが、足元はおぼつかないままだった。

それでもゲーム後、彼は通訳らを伴い、選手宿舎近くのステーキハウスに出向いた。いつも通りの行動パターンにこだわったのは、無理にでも自分のルーティーンを取り戻したかったからなのか。向かった店はカンサスシティ遠征で必ず立ち寄るレストランだった。

その夜。体調以外に変化があったとすれば、よく頼むリブアイ・ステーキをオーダーしなかったことくらいだろうか。

「さすがに今日だけは肉食べるのやめとく」

店で唯一《ゆいいつ》の魚メニュー、サーモンのグリルを残念そうに口に運んでいた。他のメンバーがほお張る肉の塊が羨《うらや》ましそうにも見えた。

居合わせた関係者はいつもと変わらぬ様子を装《よそお》いつつ心配していた。医師の診断が問題なしでも頭部死球の後遺症はしばらく残るもの、と言われるからだ。人によっては投球に本能的な恐怖を覚えて腰が引け、外のボールにさえも踏み込んでいけなくなる。

だが、遅い夕食のテーブルでイチローは「それ（恐怖感が残ること）はない」と短く答えた。

やけに強い口調は二日後の復活を予言していたのだろうか。降雨中止の翌日を挟んで二〇日のタイガース戦で三安打を放った。カンサスシティからデトロイトのコメリカ・パークに移って最初のゲームだった。

プロに入って初めての頭部死球。簡単に拭《ぬぐ》い去れない恐怖感はその後もいくらか残っていたはずだ。死球退場からわずか二日目の再出場は、プレーボールが悪天候で二五分も遅れていた。グラウンド不良のため試合前の全体練習は行われず、死球で倒れた時以来のバッターボックスだった。

カンサスシティでの昏倒から約四五時間後。第一打席で左腕ネート・ロバートソンがカウント1―1から外角に投じたスライダーを打ちに出た。

上背のあるサウスポーは左打席から見ると威圧感がある。物理的にピッチャーのリリースポイントから最も近い位置に立つためだ。しかも一、二球目と内角を突かれた後だった。

三球目。ホームベースを大きく横切るように入ってきた変化球を、イチローはよく踏み込んで流し打った。三遊間の深い位置に転がった打球に遊撃手は追いつくのが精一杯だ。余裕で一塁に駆け込んだリードオフマンは、いつものように淡々と塁上に佇《たたず》んでいた。

初めてメジャーの洗礼らしき危険球攻撃を受けたのは、二〇〇一年三月一二日と一四日だった。ともにシカゴ・ホワイトソックスとのオープン戦。

両試合とも右上腕部のほぼ同じ場所にデッドボールを受けた。ぶつけた投手はそれぞれ「イチローが踏み込んだときに体の一部がホームプレートの上に被《かぶ》る。だから当てられても仕方ない」と発言した。

狙《ねら》った、とは言わないまでも、見え見えの故意死球だった。ステップの際、前方に大きく体重が移動する独特の打撃フォームではあるが、上体が打席からはみ出ることはない。実際にホームベースに被さる事実はなかったが、ホワイトソックス投手陣はシーズンでの対戦を見越したうえで牽制《けんせい》していた。

それが新人リードオフマンは二〇〇一年ホワイトソックスとの公式戦で、通算三割六分四厘《りん》をマークした。後になって「ぶつけにきている、と分かった時はその次の打席が大事になる。どういう打球を飛ばしたかよりも、どういうかたちでその打席を終わったのか。僕ならよけいに踏み込んでいく。そうしないと舐《な》められる」と語った。

もちろんすべての球にがむしゃらに踏み込んでいったわけではない。ただ相手に〝怖がらせても無駄〟と行動と結果で示したのは確かだった。挑発的に打者の体近くを狙ってくるブラッシュボール禍《か》はオリックス時代から何度も経験していた。打ち身の跡は残っても、勝ち気が曲がることはなかった。

馴《な》れ合いは好きじゃない

ホワイトソックス投手陣に連続死球をもらった頃。彼はレンタカーのカーステレオで、ずっとザ・ブルーハーツを聴いていた。

高校生の頃から大好きなロックバンドだった。彼らのCDに手を伸ばす時は、重圧や逆風を実感していることが多いのだという。

初めてマリナーズの一員となって過ごしたスプリングキャンプ。外からは順調そうに見えただけで、メジャーの投手たちの投球フォームに上手くタイミングが合わせられず苦労していた。

それだけでない。一挙手一投足も見逃すまい、と大勢の報道陣がどこへでもゾロゾロとついてくる。その異様さから、イチローひとりに敵、味方選手からの好奇の視線が浴びせられた。それを彼が強く意識してしまうのも仕方のないことだった。

「(チームメートの中にも)こんな高校生みたいなやつが本当にメジャーでやっていけるのか、って思った人はたくさんいたでしょう」。歓迎という雰囲気にはほど遠い。好奇心と、斜にかまえた視線が支配する空気に体の中から沸き上がる熱いものがあった。そんな時にザ・ブルーハーツがはまった。

数あるメロディーの中でも特に好んだのは『未来は僕等の手の中』という一曲。その曲の中で私にとって印象深いフレーズは「僕等は負けるために生まれてきたわけじゃない」だった。

静かに秘める闘志にはインパクトの強い歌詞とリズムがしっくりきたようだった。ザ・ブルーハーツは一九八〇年代中盤から若者に絶大の人気を誇っていたカリスマグループ。飢えた狼《おおかみ》のように叫ぶ四人組が、新人右翼手の鬱積《うっせき》を代わりに吐き出してくれたのか。

キャンプ終盤、彼がよく聴いていたというザ・ブルーハーツのCDを三日間借りた。アルバム中には『未来は僕等の手の中』も含まれていたが、私が日々追いかけるイチローの姿と重ね合わせたのは、『少年の詩』と『終わらない歌』にあるいくつかのフレーズだった。

言葉はいつでもクソッタレだけど　僕だってちゃんと考えてるんだ（少年の詩）

ただ大人たちに褒《ほ》められるようなバカにはなりたくない（少年の詩）

馴れ合いは好きじゃないから　誤解されてもしょうがない（終わらない歌）

当時の空気を振り返ると、初めてメジャーに挑戦する日本人野手に母国のファンやメディア関係者たちは完璧《かんぺき》な模範生を期待していたのではないか。「自分がやれることをすべてやった、と思える状態」というゴールを置いていたイチローに対し、日本のファンや関係者はそれぞれが持つ成功のイメージを押しつけ気味だったような気がする。

各所から聞こえてきたのは、やれ「もっとメディアに心を開け」だの、「もっとファンにサインをしてやれよ」だの細かくキリのない要求ばかりだった。

私はその頃、「馴れ合いは好きじゃない」の一節に会見でやたらに素っ気ないイチローを思い浮かべて一人笑いした思い出がある。

二〇代後半の青年が、それも日本プロ野球で揺るぎない地位を築いたトップスターが、反抗期の少年のように尖《とが》っていた。青臭いと言われるかも知れないが、それがイチローの一面であり、彼を推進させる原動力のひとつだった。

「周りにはやばい、と思われながらやっていく。そんな感じがちょうどいいんじゃない？　あいつなら心配ないよ、と思われているなんて自分としては全然面白くない」

頭部死球から一カ月半後の一〇月一日。ジョージ・シスラーの年間最多安打記録を八四年ぶりに更新した夜の会見でそう言った。「アクシデント後は一八八打数七三安打、打率三割八分八厘。逆風ちょうだい、ってあわやシーズン終了か、とも思われた一瞬からの巻き返しだった。

メジャー史上初めてとなる新人から四年連続二〇〇安打を決めたのは、頭部死球から八日後の二〇〇四年八月二六日だった。シアトルでのロイヤルズ戦九回の第五打席で長身左腕ジェレミー・アフェルトから右中間本塁打し、自己最速となる一二五試合目での目標到達となった（二〇〇八年、八年連続二〇〇安打達成）。

安打量産ペースが落ちないことで、周囲の期待と関心は年間最多安打記録への挑戦にフォーカスされた。記録へ近づくにつれて「そんなことできるわけない」という、チャレンジを腐《くさ》すような空気も膨《ふく》らんでいた。

「僕がいろんなことをやったらやったで、喜んでくれる人たちがいる。でも、その一方で〝失敗しろ〟って思っている人たちも多分たくさんいる。そんなマイナスの期待も僕にとっては熱いんです」

むしろ足を引っ張るような声に刺激されていたのだろうか。この頃は自分に対して否定的な空気を拒《こば》むどころかむしろ歓迎するかのようなコメントが増えていた。

頭部死球以後の四三試合では一〇度も敬遠された。リーグ最低の得点力だったマリナーズ打線では、たとえ一番打者でも五打席回ってくる試合は少なかった。そして終盤、やっと回ってきた打席でもなかなか勝負してもらえない。長距離打者ならともかく、リードオフマンが五〇試合足らずの間に一〇度も敬遠されたのは異例だった。

記録達成が現実味を帯びてきた九月半ばから四球増加は顕著だった。九月一三日からの残り二〇試合中、一四ゲームが西地区の覇権を激しく争っていたアスレチックスとエンゼルスとの対戦だったことが影響した。両チームが彼との勝負を避けたのは九月後半だけで計六度もあった。

アスレチックスのケン・モッカ監督、エンゼルスのマイク・ソーシア監督とも、決して「日本人に記録を破らせたくない」と考えていたわけではなかった。僅差《きんさ》でもつれ合っていた二チームは、単純にマリナーズ打線で最も警戒するべき打者を避けた。他の打者との兼ね合いを考えれば当然の作戦だった。

相手のやむを得ない事情は分かっていた。それでも「いつもは日本を背負っているとかは考えないですが、あのとき自分は日本人ということをすごく意識しながら戦っていた」と後に心境を語った。

日本にいた時、タイトルや記録更新がかかった外国人選手たちがことごとく勝負してもらえなかったシーンを目にしてきた。かつて見た外国人プロ野球選手たちの姿に自らを重ねることで、あえて逆風として受け止めようとしたのか。

この頃、目に入るものすべてを前進のためのエネルギーに換えているように見えた。日本からの期待や声援を追い風として、そしてそれ以外のマイナス要素を向かい風として。

逆風がなかったら金字塔達成はなかったのでは、と私は今でも思っている。向かい風に抗《あらが》う時に生じた推進力でそのまま追い風に乗る。イチローならでは、とも言えるメンタル面の相乗効果で一気にシスラーの大記録を追い越した感じだった。

ウイニングショットに照準

昔から逆風には縁があった。自分で風の素《もと》をつくっていたからだ。

中学生時代。「二〇歳になったらクラス全員で同窓会を開こう」というクラスメートの呼び掛けに「そのころはもうプロ野球選手になって試合があるから出席できない」と真面目《まじめ》に答えた。教室は笑いに包まれた。

大リーグ挑戦が決まり、あるパーティーの席上で「メジャーで首位打者とったり、だれよりもヒットを打ったりなんてなったら野球を辞めますよ」と言った。冗談交じりに聞こえたセリフを司会者や聴衆は笑ったが、大風呂敷《おおぶろしき》と彼らが受け取った一節は野球の本場で現実となった。

「もう同じことを言ってもみんな笑わない。それは、僕にとって大変気持ちがいいこと」と言い放ったのは二六二本目のヒットを記録した二〇〇四年一〇月三日だった。

「小学校の時から、〝あいつプロに入るんだってさ〟と陰でよく笑われていました。でも、そうやって陰でコソコソ言われることが僕は性に合っている。そうでなくちゃいけない、とさえ思っている」

生意気盛りの少年はそのまま成人した。Ⅲ章では、少年時代の身体感覚を損なわずに成長した、と書いたが、負けん気の強さも幼い頃からそのままだった。

逆風を受ける生き方とは、他人に嫉妬《しっと》される生き方でもあった。後に詳しく触れるが、たっぷりの自信を正直に口にして、他人のコンプレックスを無用に刺激してしまうようなところがイチローにはある。野球選手が与える夢とは何か、との問いに「カッコイイ、と思われることだ」と答えたのはメジャーでの本格始動を前にした二〇〇一年一月だった。

「僕たちよりもずっと年下の子供たちにお金の価値は分からないと思う。では、どうやって彼らに〝将来野球選手になりたい〟との気持ちを抱《いだ》かせるのか。それは、彼らに僕たちがどれだけすごいプレーをしてみせることができるのか、どれだけ〝カッコイイ〟と思わせることができるかどうか。かっこよさが僕ら野球選手の与えられる夢であり、お金がそれを上回ることは不可能だと考えている」

トップスターはそれらしく振る舞い、次世代の球界を担《にな》うであろう少年たちの憧《あこが》れとならなければいけない。そんな思いは強い。しかし、自らの理想像に忠実であろうとすればするほど「どことなくいけ好かない」と思う向きも増えた。

彼の負けん気に話を戻す。行く先に大小二つの門があるとすれば、必ず狭い門戸を叩《たた》くだろう。高低二つの山が前に立ちはだかれば必ず高い山を登ろうとする。それは野球にかかわる一つ一つのコメントをたどれば明らかだった。

「例えば僕が監督なら、オールスターで〝僕は打席に立つだけでいい〟と言う選手がいたらクビにします。そりゃそうでしょう、オールスターですよ？　それなりに選手だって選ばれたプライドがあるはずです。そのプライドもない選手なんて先が見えている」

右中間が極端に深く、そして右翼ポール内側がいびつに突き出たパドレスの本拠地ペトコ・パークを「外野手としてすごく面白い球場」と表現した。

守備範囲が広がることや、変形フェンスのもたらすクッションボール処理の難しさを普通の外野手はハンディととらえるが、逆に持ち味を生かすためのアドバンテージと考えた。

打撃では、追い込まれたカウントで相手の決め球をよく狙う。「強いところを叩けば相手はもっと混乱してくれる」からだと言う。

佐々木主浩《かずひろ》が「追い込んでからイチローに投げるとすればど真ん中の真《ま》っ直《す》ぐが一番いいかもしれない」と話したことがある。「イチはど真ん中が打てない、ということではない。でも、ど真ん中ならひょっとして（不意を突かれて）打ち損じてくれるかも知れない」。

相手は厳しいコースにしか投げてこない。少なくともイチローは「厳しい球を打っていかないことには甘い球なんて永遠に来ない。それは駆け引きの基本」という前提で打席に臨《のぞ》んでいる。普通の打者にとっての絶好球が予期せぬボールになることがある。土壇場で失敗が許されないクローザーの目が鋭く見抜いていた。

「自分がイメージしている球を打ち返すことなんか滅多に起こらない。実戦で本当に必要なことは例えば、変化球を待っていながらインサイドにきた真っ直ぐ高めをヒットにすることなのです」と、イチローは言った。

甘い球が来なかったから打てなくても仕方がない、とは絶対に考えない。相手の失敗に期待していては成績が安定しない。甘い球がほとんどこない厳しい現実を打破しなければならなかったことは確かだが、それ以前に「他人のミスを願う自分が情けない」とも考えた。思考の随所《ずいしょ》に溢《あふ》れ出んばかりの気概があった。

打率の変動にほとんど関心を示そうとしない。「打率を気にしてそれを守ろうという気持ちが起こると、打席に入ることが怖くなる」ということもあるが、「他人の打率が落ちてくることを知らないうちに願っている自分なんて想像したくない」という理由があった。

打撃練習ではホームランバッター顔負けの大きな当たりを連発する。二〇〇二年キャンプ中に行われたパドレス・マリナーズの合同ホームランダービーで優勝した。

「打撃練習での打球はその打者の能力そのものを反映している。イチローの打撃にはそれだけの可能性がある、ということだ」とマリナーズの主軸を長らく務めたエドガー・マルティネスが言った。元同僚の長谷《はせ》川《がわ》滋利《しげとし》は「イチローはホームランを狙《ねら》えばもっと打てる。でも彼がそうしないのは〝自分はこれ（ヒット）でやっていくんだ〟ということを示したいからなのだと思う」と語っている。

イチローのメジャーでのシーズン最高は二〇〇五年の一五本塁打。本気で狙えばもっと長打は増える、と話すメジャーリーグ関係者はマルティネスや長谷川のほかにもいる。だが、「自分はヒッティングポイントがたくさんあるバッター。大きな当たりを狙えばその分自分の持ち味を捨てることになる」と語った。

易しいボールも、難しいコースの球もヒットにしなければ気が済まないようにうつる。それは打者として当たり前の姿勢かもしれないが、打撃に関する数々のコメントからは、絶好球を気持ちよく観客席に放り込むよりも難しいボールを何とかヒットにすることへの執着がうかがえた。

相手投手に「あれは失投」との言い訳を与えるよりも「もう投げるところがない」と言わしめることを望むのか。ウイニングショットに照準を定めるアプローチに鼻っ柱の強さがにじみ出る。

もちろん甘い球を待てない理由には一九九四年の体験も強く関係している。「たくさんヒットを打ってしまったことで、甘い球を心理的に待てなくなってしまった。物理的にもそういう球は来なくなってしまったのも事実」とも言った。

日本のプロ野球界に依然と残る〝真っ向勝負の美学〟には、オリックス時代から強い抵抗を口にしていた。

直球を投げてこい。それを思い切り打ち返そうとするのが男と男の勝負。そんな空気を「それは野球ではない。こちら（米国）では、あのペドロ（マルティネス）も、あの（ロジャー）クレメンスも、僕を抑えようといろんなことを仕掛けてくる」と一蹴《いっしゅう》した。

あらゆる方策を駆使し、最善の結果とエンターテインメントにつなげるのがプロではないのか。力いっぱいやってそれで満足できるほど甘くない。難しいからこそやりがいがあるのだ、と考えた。

「いいバッターでも一〇回のうち七回は失敗するのが『バッティング』」は通説。だが、それから「バッティングというものは失敗することが前提なので、決してモチベーションを失うことはない」と思考したところが独特だった。

難局に立ち向かうことで得るものは大きくなる。面白いから突き詰めたいという姿勢で野球に取り組んでいるから、あえて遠回りのプロセスを選ぶ。二〇〇六年三月、公式戦への影響というハンディを承知でＷＢＣ（ワールドベースボールクラシック）に出場したのも、そんな考えと無関係ではない。

「苦しかったことをくぐり抜けるともっと野球が好きになる」。限界が見えないから、いつまでも追い続けることができる。

朝青龍《あさしょうりゅう》を好きな理由

肩ひじ張って生きる姿勢は、他の選手へのコメントにも現れた。イチローが一目置いている一人にロッテ時代の伊良部秀輝《いらぶひでき》がいる。

「あの時の伊良部さんこそ、これまで対戦したピッチャーの中で一番ストレートが速い、と感じたピッチャーだった」

一九九〇年代中頃に対戦した伊良部は一五〇キロ台半ばの快速球と一四五キロで鋭角に落ちる球が武器の難敵だった。フォークボールだけでも超一級というのに、さらに質の高いチェンジアップや超スローカーブが加わった。

しかし、投手としての高い総合力と同じくらい敬意を覚えたのは、時にノックアウトを食らっても「調子は普通でした」で押し通した巨漢右腕の強気だった。

「調子が良くない時は誰にだってある。でも、僕は実際に調子が悪くても、それを悪いと認めるわけにはいかないと思っている。状態が良くないことを自分で認めてしまってはグラウンドには立てない」とイチローは言った。

伊良部のやせ我慢は、イチローの弾丸ライナーを背中に受けながら何ごともなかったように投げ続けたティム・ハドソンと同種のものだろう。

「プロとはそういうものではないのか」とも言った。「気持ちがこもっていなくても、体でカバーできるというプレーなんてないですよ。その逆はいくらでもあるけど」。

情熱を秘めつつ、クールに本分を全《まっと》うする。いつも淡々としているように見える表情の内側は、触れると火傷《やけど》しそうに熱かった。


実は熱い男、イチローは〝癒《い》やし〟や〝好感度〟などという曖昧な空気が幅を利《き》かす時流を冷ややかに見ている。

二〇〇二年、サッカーの日韓共催ワールドカップ（W杯）は米国でも衛星中継されていた。「ちょっとだけ見ました。でも、あれだけの観客の中に実際にJリーグの試合に足を運んだ人がどれくらいいるのか、と思うと少し嫌になりましたが」と言った。

「洋服の流行みたく、みんな同じことで何となく安心しているように見える。もしそうなら、僕はそんなのつまらないと思う」。主体性の有無が、価値基準の大きなウェイトを占めている。

最近はアスリートをも含めて有名人がそれぞれの個人ホームページやブログを持ち、自ら情報を発する時代になった。そんな流れを「野球選手がそのプレー以上にファンに訴えかけるものはないはずなのに」とばっさり切った。シーズン途中で故障したチームメートの背番号を、ユニホームや帽子に記してプレーする。それが結束の象徴として取り上げられる風潮には「そうしたいのであれば自分に見えるところにだけつければいい。人に見せるのが目的ではないはず」と手厳しかった。

本業以外の部分で自分から何かをアピールする行為を好まなかった。例外的な「古畑任三郎《にんざぶろう》」出演は、フジテレビから強く請《こ》われてのもの。これは、「本当にそういう気持ちがあるなら人に知られないところでやればいい」というチャリティー活動に対する考えにも表れた。

慈善活動は人知れず行うべき――。イチローのそんな考え方に異論を唱える人もきっと多いだろう。著名人の慈善活動は一般人のそれに比べ、世論に訴えかける効果が非常に大きいのも確かである。それでも彼は持論を曲げなかった。

「（慈善活動は）あくまでも自分がそうしたいからやるのであって他人に知ってもらうことが目的ではない。だから僕は人に分からないようにやりたい」

一九九二年の七月一七日、東京ドームでのジュニア・オールスター。同点の八回に中村紀洋《のりひろ》（当時近鉄、〇八年まで中日、〇九年より東北楽天ゴールデンイーグルス）の代打で有働克也（当時大洋）から右越え決勝本塁打を放った鈴木一朗は、MVP賞金一〇〇万円を全額神戸市に寄付して話題になった。

当時は「ちょっといい話」として受け止められた。登録名イチローで大ブレークした九四年以後も、口数は少ないが善意の青年というイメージを象徴するエピソードになっていた。

だがこれは父・宣之《のぶゆき》さんのアイデアだった、という裏話がある。実際に鈴木一朗はその寄付行為が分不相応《ぶんふそうおう》の自己アピールだ、と強く反対していた。

「なんで年俸四〇〇万円（当時）の選手が一〇〇万円の寄付なのか、と思いましたよ」

宣之さんの提案は未成年の父親としての責任感からきたものだった。プロ野球選手は何らかのかたちで社会奉仕すべきとの精神は、決して批判されるべきではない。しかし、親子で意見の割れたことは世間には伝わらなかった。チャリティー後しばらくが経過し、〝お前、何考えてんだ〟〝カッコつけるな〟と書いた匿名《とくめい》の手紙が大量に寮に届いた。

野球選手の本分とは何かを突き詰める男が、珍しく「朝青龍に興味がある」と言った。異郷から高校生の時に来日し、ストイックな稽古《けいこ》で頂点の地位まで登り詰めた格闘家にひかれる理由を「あの面構えがいい。何よりも強い」とした。「いろんなことを言われながら、それでも結果を一番残している。結果を残すこと、大事なことですよ」

礼節を重んじる相撲界で、モンゴル人横綱は時に生意気ととらえられる言動がある。横綱審議委員会の一部委員やベテラン相撲記者から、ヤンチャ坊主《ぼうず》のような行動を〝品位に欠ける〟と注意されることはあっても、横綱として最も大切な「強さ」では文句なし。戦う舞台は違っていたが、逆風には行動と結果で応《こた》えようとする姿に自分を見たのだろうか。

二〇〇五年一一月の九州場所一四日目。朝青龍はご当地出身の大関・魁皇《かいおう》を寄り切って前人未到の七場所連続優勝と年間最多勝記録更新（翌日も勝ち、八四勝）を果たした。

仕切り前、福岡国際センターの館内に響き渡る魁皇コールを聞きながら、「一匹の狼《おおかみ》になった気分だった。絶対に勝ってやる」と反骨の炎を燃やした横綱とイチローが被《かぶ》った。

朝青龍と横綱審議委員会の関係同様、イチローの耳にも〝日本の球界ナンバーワンならそれらしく振る舞え〟という一部ご意見番の小言は耳に入っている。だが、ひと皮むけろ、とのそれらの声を「歳《とし》は取りたくない」と一蹴するのだった。

「いつまでもまだ上がある、こんなもんじゃないぞ、と思っていたい。あいつはもうひと皮むけないと、と他人に言ってしまう人たちは、もう自分が完成した、と思っているからそんなことを口にする。僕はそんなふうにはなりたくないな、絶対に」

独特の記者会見スタイル

ここまで、尖《とが》ってばかりのイチローを書いてきた。もの静かな外見の裏に流れる情熱は彼の大きな推進力に間違いない。だが、沸き上がるエネルギーにまかせてただ闇《やみ》雲《くも》に突き進んでいるのではなかった。スランプに直面したときの対処法は極めて現実的なものであり、内面の熱さとは対照的である。特徴的な例は「スランプの時、ベストの状態を思い出そうとしない」としたことか。

「苦しいときに一番良い状態のことを思い出すと、理想的な状態と現実との大きなギャップを感じてよけいに苦しくなる」

普通の選手は好調時のフォームをビデオなどに収録し、不振脱出の参考にする。それがイチローの場合は良くも悪くもない状態、いわゆる中間地点を修正の参考にしたのがユニークだった。

バットの状態が常に完璧《かんぺき》でないといけないような選手はこの世界で長くやっていけない、外的要因によるそれなりの誤差に対応できる技術を備えるべきだ。イチローのそんな考えをⅣ章で書いたが、不振脱出の対処法もこれに似ている。

自分自身の状態と、周囲の環境をベストに近づける最大限の努力を払う。だが、完璧な状態を基準にしてしまうと、そこからいったん外れた場合により多くの修正の時間が必要になる。この修正幅を普段からできるだけ小さく保っておこうとするのがイチロー流のリスクマネジメントだった。

二〇〇二年前半、結果は出ていたのにあえて打撃の微調整に着手したことでもそうだったが、第三者の評価ではなく自分の感覚を頼りにした。「人がどういうアドバイスをくれるのかよりも、自分のそれまでの経験から何を感じるのかが大事だと思う。自分をコントロールできなくて、相手をコントロールすることなんかできない」。

「何となくやっているうちにすごく打てたりするのが天才」。不振になると試合後の遊びで気分転換をはかる選手がいるが、それだけでいつの間にかスランプを脱出してしまうのがイチローの定義する天才だった。裏返せば、なぜ打てているのか、なぜ結果が出せていないのかが説明できないということでもある。「僕はそうではない。自分のチェックポイントをいくつも持って、それぞれがどういう状態にあるかをしっかりとつかむこと」。熱い気持ちと並行するかたちで、常に冷静な視線が細部に注がれていた。

面白いのは、具体的な対処法を持っているにもかかわらずほどほどの験担《げんかつ》ぎをするところだろう。自宅から球場入りするまで、前日とは少しだけ違った道を通ることがある。Tシャツの色を変えたり、車内で聴くCDを変える。それらはあくまでも「ほどほどに」気分転換するものであり、とらわれすぎるものではなかった。

「悪い球を打たないのではなく、いい球が来たら打つ。同じことを言い換えているだけかもしれないが、この気持ちの違いは大きいと思う」。同じことでも、どう考えるかで気分が変わる。験担ぎは、あくまでも気分を入れ替えるのが目的と割り切っている。

再び、尖ったイチローの話。風を受ける生き方の代償は数々の誤解だった。言い訳はもちろん、それが真っ当な理由でも、なかなか自分から語ろうとしない気質《きしつ》も災いした。

イメージと実像との数ある違いの中に「イチローはマスコミ嫌い」がある。まずは何か聞かねば始まらないメディアと、言葉より行動の男の意思疎通《そつう》が一筋縄でいかないのは当然だったのかも知れない。その取材風景は今、一風変わったかたちで落ち着いている。

まず、テレビカメラの前に立つことがほとんどない。一シーズンにせいぜい六、七回。キャンプ開始と開幕戦、そしてオールスターと目標の二〇〇安打が達成されたとき、そしてシーズンが終了した時という具合である。

新聞記者との会見には基本的に毎日応じる。「基本的に」としたのは会見がオートマチックに開かれるわけではないという意味である。

「自分から話すことはないけれど、何か質問があればそれに対して答えます」

たとえ一試合で五安打しても何かを聞かれなければ話すことはない。逆に（滅多にないことではあるが）敗戦につながる決定的なミスを犯したとしても、それを問う声にはきちんと答えた。「そりゃ自分に腹は立つけれど、失敗したことがあった日の方が（記者とのやりとりは）スムーズになる」とさえ言った。

質問がある者だけが彼のロッカーを訪ねる。暗黙の了解が既にマリナーズ担当日本人記者たちとの間にできている。従って、「何も質問がない日」に会見は行なわない。会見のスタイルは独特だ。質問を携えた一人から数人が出向き、質疑応答を行なって、その後でやりとりを囲みの輪に加わらなかった記者たちにレクチャーする。たまに全員で囲むこともあるが、その場合もあくまで「質問がある人だけきてほしい」という前提だった。

二〇〇一年公式戦序盤から二〇〇三年途中頃まで、私が一人でよく〝代表質問〟を任されていた。一九九四、九五年とオリックス担当の経験があったことと、通信社の記者である私の記事がほぼすべての日本の報道機関に届くことで最低限の公平性が保てること（通信社はそれ自体が紙面を持たないが、加盟する新聞、放送局に記事が同時に配信される）。それらの条件を満たしつつ、遠征も含めた全試合をカバーするメディアが他に見当たらなかったという事情からマリナーズ球団広報部が判断し、ティム・ヘブリー広報部長が私に依頼してきたのだった。

一時は二〇〇人近くにまで膨れ上がった日本メディアの際限ない要求と、イチロー本人の希望、「質問がある時だけ質問してください」を両立させるための苦肉の策だった。それが今も若干形態を変えながら続いている。

ところで、私は現行のスタイルが理想だとは思わない。そして、今なおこのスタイルを批判する人がいるのも知っている。ただ、私は取材者側の理想（この場合はイチローがそこにいるメディア全員と毎日会見すること）が、取材者側の現実と義務（必要最低限のコメントを取る努力）より優先されるべきだとも決して思わなかった。

仮にイチローと日本からのメディアがそれぞれの要求をぶつけ合って関係断絶になったとしたら、彼のコメントを待っている読者はどうなるのだろう。そして何よりも取材者側に強く要求を押し通せない事情があった。これは後述する。

もしイチローにメディア側から何かを要求するとなれば、それは相当な覚悟を要していたはずだった。何しろ彼は日本のプロ入り二年目で、一軍打撃コーチの指導に異論を唱《とな》えて自らファームに下った男である。上下関係の厳しいプロ野球界で、まだ海の物とも山の物とも分からないような若手が人事権を掌握している上司に従わないことがどれだけ重大なことだったのか。ひょっとすればその後の人生さえ左右しかねない決断を一九歳で経験していたイチローに、第三者であるメディアの論理が簡単に通るとは思えなかった。

イチローは日本野球が生み出した最高傑作の一人であり、後世に残されるべき彼の言動は何としてでも確保されなければならない。それは私が代表質問者を引き受けた理由だった。

彼は、現役にして既に日本の近代文化遺産に昇華したような存在だと私はとらえている。アメリカで長らく野球取材を続けていて実感するのは、かなりの数の米国野球関係者が日本の野球人気の高さを驚きの目で見つめているということだ。米国文化の象徴であるベースボールが、全く文化的土壌の異なる日本でナンバーワンの娯楽として支持されている。まだまだ改善されるべき点はたくさんあるとはいえ、個人的にプロ野球の繁栄は日本が誇るべき現代文化のひとつだと思う。その日本野球の頂点に立つイチローの言葉は、より多くの人に深く伝えられるべきだ。

私は代表質問者を長らく務めたことであることないことを噂《うわさ》され、顔も見たことがないような人から何度もいわれのない批判記事を書かれたりした。遠くから誰かに石を投げられているような気分にさせられることは今でもよくある。だが、噂を立てる人たちの感情は何となく想像がついたし、ある程度それも仕方のないことだと思えるようになった。実際は腹の立つ出来事も多いが、そんな時は五〇年後や一〇〇年後のことを思い浮かべて気持ちを紛《まぎ》らわせることにしている。

現在は私一人が代表取材を任されるケースは少なくなった。デイリースポーツの小林信行記者をはじめ、長く彼を取材する人たちがロッカーを訪ねることが増えている。こちらが期待するスピードより遅いかもしれないが、イチローを囲むシアトル日本人メディアの数は少しずつだが確実に増えていると思う。

イチロー取材現場の実態を知り、あらためて驚く読者も多いだろう。だが、彼の頑《かたく》なさにも理由があった。オープン戦と公式戦を合わせ二〇〇近いゲームがあるうちで、「何も質問がない日」が結構な割合で存在することが背景にある。

「何も質問がない日」とは、例えば四打数一安打、その打撃だけでなく守備、走塁でも特筆すべきプレーや勝敗に絡《から》むことがなかった、という一日。

彼がメジャーを代表するオールラウンドプレーヤーとはいえ、さすがに全試合で重要な局面に関わることは不可能だった。しかし、特に何かを聞くことがない日でもそれぞれの記者はデスクの要求に応じて記事を書かなければならない。ジレンマの前に立ちはだかるのは取材対象の強固な信条だ。「建前は嫌い。心の通わないやりとりに意味はない。それをすれば（読者や視聴者に）ウソをついていることになる」

記事にならなかったあるやりとりを紹介したい。二〇〇四年八月の第一週。一睡もしないで臨んだボルチモアのダブルヘッダーで六打数六安打するなど、爆発的に打ちまくったイチローがメジャー四年目にして初めて週間MVPを獲得した。地味な週間賞は、シーズンMVP獲得経験がある選手にしては意外なほどに遅い受賞である。

本人に感想を求めると、「そんな賞があったのですか」と返されて拍子《ひょうし》抜けした。「特に話すことなんかないです。もともとそんな賞があるのも知らなかったんだから、それで僕が何かコメントしたらいかんでしょう」。似たようなやりとりはその他にも時々あった。

野球とは無関係の質問、例えば「アメリカに来てから好きになった食べ物は何？」など他愛《たわい》のない問いかけをしたとしても、まともな質疑応答にならないので「何もない日」のつなぎ記事にはならない。野球選手には野球のことを聞いてほしいとの態度は、日本の新聞のありきたりな話題作りには極めて不向きだった。

二〇〇六年三月、初開催のWBCに出場した際、彼が「王さん（日本代表監督）に恥をかかせることはできない」などと積極発言したことなどから、一部メディアが〝イチローのイメージチェンジ〟と書きたてた。だが私自身は、変化したのはイチローではなく周りの扱い方だと感じた。

良いか、悪いかの論議はともかくとして、現在の日本におけるメジャーリーグ報道は個人優先主義。要するに日本人選手が活躍したかどうかがまず関心の最優先にあり、所属チームの勝ち負けは二の次だ。

それはどの日本人メジャーリーガーにもほぼ共通するが、かといって彼らと勝敗とを切り離して伝えるわけにもいかず、結局は「チームの勝利に貢献」などという曖昧《あいまい》な表現が多用されている。

野球はチームスポーツであり、それを伝える側も本来なら試合での重要な局面に関わった選手をストーリーの中心に据える。しかしながら個人優先主義報道ではそうならないことが多い。

どんなに優れた選手でもヒーローになるのはせいぜい年間十数試合あれば上出来だろう。つまり一人の日本人選手を中心に記事を展開させようとすると、試合が増える分だけ質疑応答は嚙《か》み合わなくなってくる構造にある。

取材対象、取材者双方がその現実にある程度目をつむってやり過ごせば波風は立たない。予定調和の中で毎日、テレビカメラの前に立つ。少々的外れな質問が飛んできても、笑って受け流せばよい。これはこれで大変な我慢を必要とするだろう。毎日会見を続けているヤンキース松井秀喜の忍耐力《ひでき》は賞賛に値する。

ただ、大人の対処法をとる選手が多い中でイチローはそれを拒んだ。代わりに取材者に突きつけたのは「最高のプレーをするためにできる限りの準備をする。だから、質問する人にだってそれなりの準備と知識を期待する」という刃《やいば》だった。

マリナーズ入団直後は連日、新聞とテレビによる合同会見を開いていた。しかし、全員そろっての会見が続いたのは二週間程度だった。質疑があっという間に形がい化し、数十人の記者が集まっているのに質問は一つか二つ、という寒い内容の取材が続いたためだった。

現場に長らく居合わせているのに一度も質問をしたことがない、または質問の意思さえ見せない記者が相当数いた。これはなかなか読者に伝わりにくい事実だろう。そのことも現行の代表取材スタイルに至る一つの大きな理由になったと思う。どうせ大勢で囲んでも何も聞かないのなら……とメディア側が自分たちからスキを見せたのは確かだ。

「メディアの向こうにファンがいる。イチローはもっとメディアにオープンになるべきだ」。雄弁にぶち上げた関係者はもう数え切れない。

問題はその正論を正面切って本人にぶつけた人が誰もいなかったことだ。私の知る限り代表取材に異を唱えた人は多数いても、その方法で得られたコメントの使用を拒否してまで主張を貫く人は皆無だった。そして、正論を吐く人ほど、たまの全員会見でひとつも質問しようとしないことが多かった。そんな矛盾を嫌というほど現場で目にした。

毎日の会見は初期に途絶えていたとはいえ、一年目のキャンプ中は基本的に全員参加の会見が行われていた。機会は当初、均等にあったと思う。職人肌の外野手を毎回うならせるような質問を考えるというのは現実的には非常に高いハードルだったかもしれないが、各記者が本来の仕事（野球の質問）で気骨を示すことができていれば、事態は変わっていたかも知れない。もちろん、真っ当な努力を重ねることでイチローの心を開こうとした人たちはいた。しかし、それはあくまでも少数派。「他の選手もそうだから」とか、「みんなあなたの話が聞きたい」などという主体性の無さでは、猫の首に鈴を付けることは到底不可能だった。

現行の会見スタイルは、妥協を許さぬイチローと彼の動向を毎日レポートしなければばならない我々との間に生まれた現実的折衷案《せっちゅうあん》と言える。私の知るイチローは「マスコミ嫌い」ではない。記者にもその道のプロらしくあれ、という期待が極端なほど高い人だった。

もちろん特殊な会見スタイルに風当たりは強く、たくさんの中傷《ちゅうしょう》や噂話が飛び交った。

その中に、「イチローはアメリカのメディアにだけはきちんと話す」がある。これは実際には、単にシアトルの地元メディアが「何も質問がない日」に何も書かなくていいだけの話だった。つまり、地元紙記者たちはイチローが試合で重要な働きをしたり、何かの問題について聞く必要性が生じた時にだけコメントを求めるため、自然によく喋《しゃべ》っているように見えただけのことだ。

試合後の会見では、自分のロッカーに顔を向けたまま質問者の顔を見ない、失礼だ、とも言われた。これは報道陣がシャワー直後、腰にタオルを巻いた状態の彼に「こちらを向いて話してほしい」と頼めなかっただけのことだった。

いいところなしの試合ではメディアの前に姿を現すことなく帰る、と誹謗《ひぼう》された。別室で行われていた監督会見が長引き、それが終わったときには既に帰宅していたのが真相だった。

翌日がデーゲームのナイターでは、選手は試合が終われば一刻も早く帰って休養したい。二〇〇一年九月三〇日、シアトルでのアスレチックス戦。好敵手ハドソンから右越え本塁打した時も、監督会見を終えた記者たちがクラブハウスに戻った頃には消えていた。

記者も人間だから、考えに考えた質問があっさりはねつけられて気分がいいわけはない。中傷や噂話の底辺にはそんな行き場のない感情が渦巻いている。イチローとメディアの関係は、彼が言うところの「ヒットはいつでも欲しいときに打てるとは限らない。しっかり準備をして、やっとその可能性が出てくるからこそ面白い」を私に思い起こさせるのだった。

一〇年以上彼の動向を追い続けているにもかかわらず、いまだに「質問の意味が分かりません」と言われることがある。だが、一〇年以上も一人の選手を私が追いかけていられるのは、イチローが何を考えているのかサッパリ分からないときがまだよくあるからだ。そして彼は、たまに質問がヒットすると非常に興味深いコメントを返すのである。

批判を乗り越えれば本物

しかし、彼が実際には「メディア嫌い」ではないにしても、メディア関係者にイチローを敬遠する人が多いことは確かだ。

年間最多安打記録、リーグMVPに二度の首位打者など獲得タイトルは日本人メジャーリーガーの中で頭抜けている。二〇〇三年球宴では選手間投票でア・リーグ外野手1位の得票数。二〇〇四年も老舗《しにせ》雑誌「スポーティング・ニュース」で「選手が選ぶ最優秀選手」に選ばれた。オールスターのファン投票トップ当選三年連続も史上三人しかいない。

アメリカを代表するスポーツ雑誌、「スポーツ・イラストレーティッド」の表紙を飾ることは米国ではトップスターのステータス。日本人で表紙登場は野茂英雄《ひでお》、王貞《さだ》治《はる》と渡辺久信《わたなべひさのぶ》（西武）、松坂大輔、福留孝介、イチローの六人しかいない。渡辺久信はストライキによってメジャーのペナントレースがシーズン途中で打ち切られた一九九四年、代替企画として日本野球特集が組まれたときの登場だった。個人にスポットが当たるケースでは王、野茂、イチローら五人。さらに複数以上の表紙起用はイチローだけで、既に四度を数えている。

かつてジョン・レノン夫人のオノ・ヨーコがそうであったように、今やイチローは米国で最も有名な日本人である可能性が高い。

それら以外の記録なども含め個人業績では突出しているが、取材にかかわる日本人メディアの人数では松井秀喜に圧倒され続けている。日本での露出の多さにしても、メジャーでの実績を考慮すればバランスを欠いていると私は感じている。

松井秀喜は個人専属広報担当者を持ち、取材には非常に協力的な選手だ。ニューヨークは世界のメディアの首都とも言われ、そこに取材拠点を置くことのメリットも分かる。ヤンキースが屈指のスター軍団であることも日本のメディアを引きつける大きな理由だろう。とはいえ、それらの諸事情を含めても日本での個人優先主義報道から矛盾するのではないか。決して誰も公《おおやけ》には口にしないけれど、日本のメディア関係者がイチローを〝凄《すご》い選手だが扱いにくい取材対象〟と見ていることをよく表す現象なのかも知れない。

二〇〇四年七月にテキサス州ヒューストンで行われたオールスターゲームでは、イチローと松井秀喜の二人に球宴前日のホームランダービー出場要請があった。

二人とも事前に出場を断ったが、この件に関する日本メディアのトーンは〝出てくれと言われたのに謙虚に断った松井〟と、〝要請もないのにその気になっているイチロー〟と正反対だった。公式会見ではホームラン競争参加に関する質問がイチローにも飛んだが、自らはっきりと参加要請された事実を明かさなかったことも影響した。対照的な扱いはそれ以外にもたくさんある。

Ⅲ章でデイン・ペリーというライターについて触れた。

ペリーは二〇〇三年シーズン終盤のコラム以外にも、二〇〇四年九月一日のFOX電子版で、最多安打記録更新が現実的になってきていたイチローを「いい選手だがMVPにはふさわしくない」と書き、ちょっとした有名人になった。

翌九月二日、FOX電子版の読者から同記者のコラムに大量の反論メールが続々と届いたのだ。そのあまりの返信数の多さに驚いたFOX局はそれら反対意見の一部を同ウェブサイトに掲載するという異例の措置をとった。

反論メールは「野球は力比べではない」「このコラムは野球を観戦した人が書いたものなのか」「少年野球のコーチをやっているが、長打の見栄《みば》えよりも確率の高い打撃ができる選手を選ぶのは当然」など。

それでもペリーは屈することなく持論を展開し続けている。二〇〇五年オールスターでは「球宴に相応《ふさわ》しくない五人」に選び、二〇〇五年シーズン終了後には「大リーグで過大評価されている選手一〇人」に再びイチローを選出した。

いくら独自の統計に基づいた分析とはいえ、一人のライターが短い期間にそれだけの批判記事を書き続けるのは度を越していると個人的には思う。だが、私がフェアでないと感じるのは、ペリーの一連の批判的コラムではなく、それらの記事の日本での伝えられ方だ。

FOXのベテランコラムニスト、ケン・ローゼンタールは旧来型の現場第一主義者だ。ローゼンタールによると「ペリーのような野球統計学ライターはほとんど現場で会うことがない」。取材現場に足を運ばない特殊なメディアの個人的意見が、日本の一部メディアに引用される際に〝米国メディアの声〟というトーンにいつの間にかすり替えられている。

武骨で生意気、目立つ成績となると、それだけでアンチ勢力を引きつけるのには十分なのだろう。

光が強ければ強いほど影も濃くなる。存在が大きくならなければ反対派は湧《わ》いてこない。今ではシアトルの地元メディアにも彼のことを煙たがる人は少なからずいる。出る杭《くい》を打とうとする現実は、世界中のどこでプレーしても追いかけてくる。

「メジャーで、他のチームの選手やメディアが〝彼はいい選手だね〟なんて話すのを真に受けてはいけない」とイチローが語ったことがあった。

二年に一度、大リーグ選抜が日米野球で来日する。大リーグ選抜メンバーたちは、社交辞令をまじえて日本の代表選手たちをメディアの前で評している。これは私が実際、耳にしたことだが、大リーグ選抜メンバーの一部の本音は公式会見のコメントとかけ離れている。

二〇〇四年シーズン序盤、パドレスの大塚晶則《あきのり》が振りかぶった際、グラブにボールを出し入れするような仕草《しぐさ》が「ボークではないのか」と相手チームからクレームをつけられたことがあった。

実際にはボークではなかったが、それは快調にメジャー一年目シーズンを滑《すべ》りだした中継ぎ投手へのジャブだった。イチローが二〇〇一年にホワイトソックス投手陣から受けた連続死球を思い出させる出来事だ。

「相手がこちらに向けて耳障《みみざわ》りなことを言い始めたら……」。〝その調子だ〟と自分に言い聞かせればいい、という意味のことをイチローは言う。

「それが相手の本音だから。その状態を乗り越えれば、それは本物の評価になる」

「給料以上の仕事」を心掛ける

小学校四年生の時の鮮明な記憶がある。それは個性を強く意識し始めるきっかけとなる光景だった。

駐車場に同じ車が四台並んでいた。当時人気の高級車。だが、その頃から車好きだった鈴木一朗少年が覚えたのは違和感だった。

「カッコ悪い」

一台だけを見ると憧《あこが》れを抱いたが、同じ車種が並ぶのを見てひどく幻滅《げんめつ》した。自分と他人の境界線を明確に感じた瞬間だった。

「どうせなら他の人とは違うことがいいな」。その気持ちに素直に従えば従うほど、逆風は強くなっていった。

「いつも人と違うことをしたい。人と同じ方向は見ない。人が変わるなら僕は変わらない。人が変わらないなら僕は変わる」

二〇〇四年九月二九日。年間安打記録更新に挑むイチローを元オリックス監督の仰《おう》木彬《ぎあきら》（二〇〇五年一二月一五日に死去、享年《きようねん》七〇）が陣中見舞いに訪れた。アスレチックスとのナイターを終え、恩師との会食の席でそう言った。伯楽は嬉《うれ》しそうに頷《うなず》いていた。

元監督は昭和三〇年代に黄金時代を迎えた西鉄ライオンズの主力二塁手だった。規律、管理とは対極の奔放《ほんぽう》さで名を売った軍団のレギュラー。選手同士でいがみ合いながらも、いざ戦いに臨めば無類の結束と集中力を誇ったチームだったという。今では日本プロ野球史の伝説となった野武士集団の魂を、恩師はイチローに見たのではないか。

ここまで、突っ張ってばかりのイチローを書いてきた。舞台裏を知れば知るほど彼の不器用さにはもどかしさが募《つの》る。

思慮深く、哲学的なコメントを集めた語録本まで複数出版されているが、取材対象として接する彼はどちらかというと危なっかしい発言の多い人。質問者の言葉遣いに敏感に反応する一方で「僕は言葉足らずな人間だから」と話したことさえある。好きなザ・ブルーハーツの歌詞同様、「言葉はいつでもクソッタレ」が本当のところではないか。

正直に胸の内の強気を打ち明けて、周りには〝生意気だ〟と思われてしまう。だが実際には、自分の置かれた状況や立場を過剰なほどに考えているところが見え隠れする。そのアンバランスさもイチローならでは、と思う。

二〇〇五年六月一五日。野茂英雄（当時タンパベイ・デビルレイズ）が本拠地トロピカーナ・フィールドでのブルワーズ戦で日米通算二〇〇勝を達成した。

同日、日本人メディアからイチローに「日本人野手のパイオニアとして野茂の偉業をどう思うか」との質問が飛んだが、彼は「その質問に答えてしまうと自分でそれ（日本人野手のパイオニア）であることを認めたことになってしまう。それは僕が決めることではない」とコメントを拒んだ。

二〇〇一年六月一九日。メジャーリーグ不滅の二六三二試合連続出場のカル・リプケン（ボルチモア・オリオールズ）が同年限りでの引退を発表した。日米野球などでそれなりに交流があったイチローにリプケンの引退発表を尋ねた時、「こっち（メジャー）でちょこっとだけしか彼のプレーを見たことがないような僕が、軽々しくコメントできるものではありません」と言った。

「一生懸命やっています、はあくまでも他の人から言ってもらうことであって、自分から言うことではない」

そんな矜持《きょうじ》が彼にはある。「五万ドルをもらったとすれば、少なくとも五万一〇〇〇ドルの仕事を心掛けないといけない。もらっている給料以上の仕事を心掛ければ、その仕事は長続きする」とも言った。

時には独善と陰口をたたかれても、自分の信じた道を進む。損得を計算せず、自分のやるべきこととは何かを、彼は今後も忠実に体現しようとするのだろう。

まっ暗な田舎道を走るレンタカーの車内に、場違いな『酒と泪《なみだ》と男と女』のメロディーが流れていた。

二〇〇二年九月七日。カンサスシティでのロイヤルズ戦が終わり、宿舎へ戻る道のりでイチローが河島英五のCDを取り出した。

当時のマリナーズは苦戦続き。アスレチックス、エンゼルスの上位二チームに何とかしがみついている状況だった。イチロー自身の結果も思わしくない。その夜、五打数無安打に終わった一番打者に、ピネラ監督（当時）は翌日の休養を公言していた。

忘れてしまいたいことや　どうしようもない　寂しさに　包まれたときに　男は酒を飲むのでしょう

「悲しい歌は弓子の好みじゃなくてね。シアトルでは全然聴かないんですけどね」と、イチローは淡々と言った。滅多に聴くことのない、情感たっぷりの歌詞で気分を変えたかったのだろうか。ぽつり、ぽつりと彼の口から漏れたのは、オリックス時代から慕っていた山田久志・元投手コーチとの思い出だった。

一九九六年、沖縄・宮古島での秋季キャンプのある夜だった。二人は島の小さな歓楽街に飲みに出て野球を語り合った。リーグMVPを三年連続で獲得したのは日本プロ野球史上でこの二人しかいない。

「長くやっていれば見えてくるものがある」。当時、自分のかたちがつかめず試行錯誤の真っただ中にあったイチローの胸に大先輩の言葉は染《し》み入った。だが、そのひと言以上にしびれたのは山田コーチの後ろ姿だったという。

「わざわざタクシーで僕みたいな年下の人間をチームのホテルまで送ってくれた。で、自分は〝もう一度飲み直す〟ってタクシーで引き返していくんですよ」

兄貴分のさりげない気遣いに、酒には強くない後輩がおぼろげに見たものは何だったのか。それは、語らずして語る、男の背中ではなかったか。

後ろ姿の格好良さと言えば、故・仰木彬監督もそうだった。二〇〇四年、マリナーズのピオリアキャンプを評論家として訪ねた元監督を、私を含め数人の元オリックス担当記者で囲んだ。名目は元監督の野球殿堂入りを祝う会。日本人選手たちもよく顔を出す韓国料理屋で焼肉をつつき、勘定は我々で持った。

オリックス担当時代の宮古島キャンプでは皆が泡盛をぶっ倒れるほど飲まされ、その一方でちょっとしたネタを教えてもらった。それぞれの担当記者が駆け出しの頃に大変お世話になったことを考えれば、微々たるお返しだった。だが、ささやかな祝宴の翌朝に大号令が元監督から発せられた。

「君らに世話になったままでは日本に帰れん。今晩同じ店に集合や。今ここ（ピオリア）における日本人全員連れてこい」

イチローに深く関わった人たちは、どことなく似ている。

〝ヤンキー・クリッパー（ヤンキースの快速艇）〟の愛称で親しまれたスーパースター、ジョー・ディマジオ（一九三六年から一九五一年までヤンキース、途中三年間は兵役）は、ピンストライプのユニホームを纏《まと》った一三年間に九度世界一を経験した。

名門球団の黄金時代を支え、不滅の五六試合連続安打をマークした万能中堅手は華麗な守備、力強い打撃に加え、甘いマスクとスタイリッシュないでたちで究極のショーマンシップを体現した。かのマリリン・モンローと短い間だが結婚生活を送ったディマジオは、元妻の死後、その墓所を毎年訪れて赤いバラの花束を供え続けたことでも知られている。

イチローが弓子夫人を伴い、毎オフに必ず足を運ぶのは神戸港を望む山あいの墓地である。そこに眠るのは三輪田勝利《かつとし》元オリックス編成部長と民子夫人。三輪田はオリックスの中京地区担当スカウトとして原石のイチローを発掘した。プロ野球の世界に入る道筋をつくってもらった恩人の墓碑に、彼は花束とセブンスターひと箱、缶ビールを供える。

三輪田は、人間鈴木一朗をプロ入り後も陰ながら支え続けた人だった。イチローが深い悩みのポケットに陥っていた一九九六年の開幕直前。寮の部屋をふらりと訪ねてきた三輪田が言った。

「お前は二年前、誰も打ったことがないくらいたくさんヒットを打った。それで去年は優勝だろう？　もう今年は遊んでいてもいいんじゃないか」

その言葉にどれだけ励まされたか。恩人の穏やかな笑みにどれだけ癒《い》やされたか。

「最悪の状態だった自分はあの時の三輪田さんの言葉で救われた。それから何度もいろいろときつい時期はあったけれど、そんな時はいつもあの言葉を思い出しました」

とイチローは述懐する。

一九九八年一一月。ドラフトをめぐるトラブルに巻き込まれるかたちで、三輪田は出張先の沖縄・那覇で自ら命を絶った。辣腕《らつわん》スカウトの悲劇に日本球界は大きく揺れた。当時、球界関係者は口々に彼の死を無駄にしてはいけない、と訴えた。

それから六年後の二〇〇四年オフ。新人獲得競争に絡む不正金問題、いわゆる裏金の発覚で巨人、阪神、横浜の三オーナーが辞任に追い込まれる大騒動に発展した。

「三輪田さんが亡《な》くなったことは何も報われなかった。あの事件のことをみんなあという間に忘れてしまったように僕には見える。ファンは、野球界のそういうところを見て失望するのだと思う」。恩人の悲劇から六年後のインタビューでイチローは短く、強い口調で言った。

どんな豪速球や鋭く落ちる変化球も、言葉だけでは打てない。確固とした信念と行動がそれらのボールを打ち返す土台と技術をつくり、そこに至るまでのプロセスが人の心を打つ。行動と結果が伴うことで、言葉は初めて人を動かす力を持つ。言葉と行動は表裏一体だと、イチローを取り巻く人間関係が語っている。

あとがき

　イチローを通信社のオリックス番記者として初めて取材したのは一九九四年だった。途中、チーム担当は外れたが細々と個人的趣味に近いかたちでインタビューを続けていた。番記者として再び接するようになったのは二〇〇一年から。シアトルに転勤し、彼の動向を追いかける毎日が再開した。渡米後、取材試合数の年間平均はオープン戦、プレーオフなどを含めると二〇〇を超えている。実戦を見る回数に限れば、日米のメジャー担当記者では一番多いかもしれない。

　誰よりもイチローのゲームを見ている――。そんな思いからくる過信がものの見事に打ち砕かれたのは二〇〇五年六月一二日、首都ワシントンでの交流戦直後だった。

「それだけ長いことやってきて、そんなこと聞きますかね」

この仕事を続けるうえで、私はあの瞬間の戦慄《せんりつ》を決して忘れないだろう。情けないことに当時の質問内容をよく覚えていない。それだけ、狭苦しいロッカールームで静かに響いたひと言に動揺していた。他の記者の手前、平静を装《よそお》ってはいたが正直どうしていいか分からなかった。以前にも「何が聞きたいのか分かりません」や「どう答えていいものか……」と、要領を得ない質問がはね返されたことが何度かあった。だが、そこまで痛烈な弾丸ライナーを見舞われたのは初めてだった。

マリナーズはこの年に首都に移って球団名を変えたナショナルズに三連戦三連敗。イチロー自身も三試合で一四打数二安打と結果が出ない。六月に打率三割を切ったのは一九九四年以降初という異常事態だったが、このとき、彼の怒りは自分の不振よりも私の自信過剰と職務怠慢に向けられていた。数日後、関係者からそう伝え聞いた。

六月七日、マイアミでのフロリダ・マーリンズ戦でバッティングでの始動タイミングが遅れていることに気付いた彼は、ワシントンでは軌道修正の真っ最中にあった。そんな変化をさっぱり見抜けなかったことに雷が落とされたのだ。

学生時代、私は関西のある私立大でアメリカンフットボールに明け暮れていた。卒業でチームを去る四年生のひとりが、送別会で私たち下級生に「コーチに怒られることはつらい。でもその有り難みを忘れたらあかん。社会に出たら本気で怒ってくれる人なんてそうそうおらんもんや」と言った。十数年後、先輩の言葉とイチローの態度が重なった。

本気で怒ることは楽でない。怒ることには多大なエネルギーが要る。利害抜きで怒ったり、怒られたりの関係はありそうで実は希少なものだ。なかなか表面に出さないが、これまで観察してきたイチローはいろんなところで密《ひそ》かに怒っていた。それら怒りの大半は純粋に自他への高い期待から生まれている。彼の厳しさの裏には「しっかりしろよ」と叱咤《しった》激励する優しさがある。

番記者として見聞きしたこと、感じたことをまとめることで、見えにくいイチローの優しさや誠意を伝えたい。そんな気持ちがこの本の出発点にあった。野球選手として最良のエンターテインメントを提供したいという彼の使命感は、それぞれの道を極めようとする職人や芸術家の姿勢そのものだ。本物のプロは時に取っ付きにくく、何を考えているのか分かりにくい。だが、彼らの仕事の質そのものを高めようとする行為は仕事への愛情なくしてあり得ない。

取材現場での出来事の要点を煮詰めては削り、また煮詰めて……を繰り返す新聞記事に慣れた私にとって、本を書く作業は大きなチャレンジだった。たくさんのエピソードをつなげ、広げることで背後に潜む意味や思想をより明確にする。新聞、本の原稿ともに目的は「伝えること」で同じだが、作業のプロセスはある意味正反対であり、手探りで書き上げた文章は何度読み返しても気恥ずかしい。思うままにエピソードを並べたことで時系列がバラバラになり、読者の中にはぎこちなさを覚える方もおられるだろう。

プロ中のプロであるイチローを、長文の書き手として素人《しろうと》に近い私が本に描く。そのプレッシャーで何度も途中で投げ出したくなったが何とかゴールまでたどり着けたのは、新潮社の堤伸輔、木村達哉両氏のサポートと忍耐力があったからこそだ。事実、私の煮え切らない態度が災いして、当初予定から半年以上も遅れての出版になった。

イチロー夫人の弓子さんとバウ企画代表・岡田良樹氏の御協力が有難かった。盟友(と勝手に私が思い込んでいる)スポーツライター・石田雄太氏には同業者の悩み相談によく乗っていただいた。そして、セーフコ・フィールドで席を並べる日米メディアの仲間やマリナーズ広報部各位の理解にも感謝している。

今後も当分、イチローの一挙手一投足を追う日は続く。再度必ず訪れるであろう微妙な変化を今度はすぐに見抜けるかどうか、確固とした自信はない。ただ、これは矛盾しているかもしれないが、「本当に大切なことがそう簡単に見つかっては面白くない」との思いが私の中に知らないうちに息づいている。一〇年以上のイチロー観察で、彼の「より険しい道を歩む」生き方に染められ始めているのかもしれない。

二〇〇六年二月

小西慶三

文庫版あとがき

ポルシェに乗る。自分のパソコンも持っている。時には携帯メールに返信もある。ここ数年のイチローには、明らかな変化が見える。何よりも大きく変わったのは自らを天才と認めるようになったことだろう。

「何かを見たときに感じることが人とは全然違っている。そういう意味で僕はかなり人とは違っていると思う」。

世間が彼を天才と初めて呼んだのは一九九四年だった。そこから十数年間、頑《かたく》なにその称号を拒み続けたイチローはもういない。「あいつは人と違っている、は賛辞に聞こえます。イチローならこの数字は当然と言われると、『そんな簡単なもんじゃない』と反発したくなるのはよくある話。でも、『僕なら簡単だ』と言えるところの始まりかもしれない」とまで言っている。

周囲が思ったこと、感じたことを大きなタイムラグの後にやっと本人が認識したのだろう。天才は凡人には計り知れないスケールの時間軸で自分自身を見つめていた、ということになる。

彼の周りにはいまもちょっとした積み重ねがたくさんある。これを努力や鍛錬と解釈するかどうかが、最近のイチローを分析するカギなのかも知れない。

「僕には苦痛に耐えるという概念がない。その意味で僕はまったく努力していません」。

身体《からだ》には極力ストレスをかけないというスタイルで日々を過ごし、二〇〇一年のデビュー以来八年間の大リーグで誰よりも多くの試合に出た。それでいて慢性的な痛みや故障はなく、トッププレベルのプレーを続けている。

スポーツにはつきもののはずの苦痛をできるだけ遠ざけるという発想そのものが、ほかの一流選手たちと一線を画している。それによって培《つちか》われた業績と経験が天才という言葉への頑なさを消している。

いまのイチローはこつこつルーティーンを継続する職人というよりは、心の内を自由にキャンバスにさらけ出すアーチストと言ったほうが近いだろう。そして、より感覚的で奔放になった分だけ、追いかける側の手がかりは少なくなったような気がする。

ただ、難易度が高くなったからといって見失うわけにはいかない。何が彼の中で変わり、何がそのままなのか、を今後も丹念に追っていこうと思う。

イチローが織り成すこの奇跡的状況をどれだけの人が分かっているのだろうか。そんなことを考えるともどかしさは募るが、一方では続編を書きたいという私のモチベーションは高まっていく。それは取材者としての悩ましさ、重圧とかけがえのない幸せを同時に、しみじみと味わうときでもある。

解説——盟友（笑）として、一言。

石田雄太

実はケイゾーは、怖い。

とりわけ、マリナーズの試合が終わった直後のケイゾーには近寄ることもできない。一心不乱にパソコンのキーボードを叩《たた》く姿を端から見ていると、とても話しかけられるような雰囲気ではないのだ。〝こっちへ来るな〟というオーラを、全身から発散している。ケイゾーは、かつて関西学院大学のアメリカンフットボール部、〝KGファイターズ〟で、首の太いラインマンとして敵と対峙《たいじ》し続けてきた。当時、纏《まと》っていたであろう筋肉の鎧《よろい》は今でこそ跡形もないが、ファイターズの名にふさわしいオーラの名残はあるのだろう。ケイゾーが原稿を書くときの集中力は、ハンパではない。何しろ、微動だにしないのである。

日本を代表するワイヤーサービス、共同通信社のマリナーズ担当記者——これが〝ケイゾー〟こと、小西慶三氏の正体だ。

シアトルはもちろん、マリナーズがメジャーのどの球場に遠征に出掛けても、日本人メディアのど真ん中、最前列のもっとも試合が見やすい場所に、ケイゾーの記者席は用意されている。何しろケイゾーは世界で一番、イチローのプレーをナマで見ている野球記者なのだ。イチローがジョージ・シスラーのシーズン最多安打の記録を破った試合の、彼が記録したスコアブックは、その試合でイチローが使ったバットや手袋などとともにクーパーズタウンのホール・オブ・フェイム（野球殿堂）に展示されている。つまり、ケイゾーは〝殿堂入り〟を果たしていることになる。

日々、イチローのプレーとコメントを原稿にして、いち早く日本へ届けるという重責を担《にな》うケイゾーが、試合後にピリピリしているのは当然なのかもしれない。そんなコワモテのガチンコ記者が、原稿を送り終えた途端、人懐《ひとなつ》っこい笑顔を浮かべて、「さあ、どこへ食べに行きましょうか」と近寄ってくる。

だからケイゾーは、かわいい。

果物を愛し、季節感に敏感で、なぜか日本の妖怪事情に詳しい。試合前の記者席ではリンゴを囓《かじ》り、青い空を見上げては「もう、秋になりましたねぇ」なんて独り言を呟《つぶや》いている。なにしろ、お客さんの拍手と野球選手の関係を、花に水をやるのと似ていると表現するほどのロマンチストだ。穏やかな青い海を眺めると、海の底を泳ぐ魚たちに想《おも》いを馳《は》せないわけにはいかないらしく、どの深さにはどんな魚が棲《す》んでいるのかということを正確に把握している。ケイゾーに魚の生態を語らせたら、止まらない。

それにしても、あの話を聞かされたときはさすがに我が耳を疑った。シアトルの郊外にブルーベリー畑があるらしいのだが、ケイゾーはそこへ一人で出掛けていって、ブルーベリーを摘んできたと言うのである。アラフォーの男が、たった一人でブルーベリー摘みに興じる姿など、正直、想像もしたくない。何の衒《てら》いもなくそんな話ができてしまうケイゾーの、不惑にしてなお澄んだ心が羨《うらや》ましい。

口を開けば、妖怪……いや、野球の話。ケイゾーと野球について話し始めると、キリがなくなる。ホテルの部屋で、午前2時、3時まで、マリナーズの話はもちろん、メジャーリーグ全般の話、日本のプロ野球やアマチュア野球の話が、延々と続く。そして、もちろんイチローの話も——。

〈以前は尖《とが》っていたイチローが、最近、丸くなってきたと思うでしょ。でも、前は尖っていたから触っちゃいけないところがわかりやすかったけど、この頃、丸く見えるから、触ってもいいのかと勘違いしてしまうんだよ。で、迂闊《うかつ》に触ると、大火傷《おおやけど》する。

ホント、丸くなった分、わかりにくくなったよね……〉

こんな話に共感してくれるのは、世界広しとはいえども、ケイゾーと、他に一人か二人しかいないのではないかと思う。本書では、マリナーズ担当の日本人記者が、試合後、イチローのことをどんなふうに取材しているのか、細かい描写がなされているが、この8年間のほぼ全試合、クラブハウスでイチローに質問を切り出してきたケイゾーの黒髪がいっこうに白くならないのが不思議でならない。

それほど、試合後のイチローへの最初の質問というのは難しいのだ。独自の視点から何か気づいたことがあったとしても、最初からマニアックな質問をするわけにもいかないし、かといってあまり大雑把《おおざっぱ》な質問をしてしまうと、イチローからは厳しい反応が返ってくる。その匙《さじ》加減を考えながら、程良い質問を切り出さなければならない。しかも、それが毎日のことだというのだから、この仕事の難易度はかなり高い。かつて、オリックスの担当記者としてイチローに接して以来、イチローの試合をもっとも多く取材しているケイゾーでさえ一刀両断されることもあるというのだから、つくづく〝ケイゾー〟というのは危険な職業だと思う。仕事を終えたときの穏やかでかわいいケイゾーは、その反動なのかもしれない。

しかも、ケイゾーは機械音痴だ。

野球取材の最先端で仕事をしているというのに、機械に関してはからっきしなのだ。こんなことがあった。取材を終えて、原稿を書き上げる。ケイゾーは苦手なパソコンを目の前に、何やらぶつぶつ呟いている。どうやら記者席のワイヤレス・インターネットがつながらないらしい。一人でイライラしながら、キーボードを叩く所作が乱暴になってくる。そういうケイゾーは、近くに寄れば怖い存在だが、遠くから眺めている分にはかわいかったりする。アメリカでは、今どき、どこに売ってるの、という古い型式の携帯電話を長いこと使っていた。いらちなケイゾーは、かけた相手に電話がつながらないと、何度も何度もリダイヤルする。着信を見ると、十分間に十件近くの着信が残っていたこともある。慌《あわ》ててコールバックすると、今度はケイゾーが出ない。しかも、留守番電話にもならない。まぁ、いいかと思っていると、しばらくしてまた、ケイゾーから電話がかかってくる。いったい何事かと思えば、こうくる。

「いやぁ、どうですか、最近は……」

要するに、急用でも何でもない。つまりはマイペースなのだ。それも、究極のマイペースである。それでもケイゾーはこう言う。

「何を言ってるんですか。僕のは、他人に迷惑をかけないマイペースなんですから、別にいいんじゃないですか」

うーん、果たしてそうか（笑）。

しかしながらケイゾーは、うまい。

口下手なケイゾーではあるが、文章は抜群にうまい。同じ物書きが言うのも僭越《せんえつ》ではあるが、この本を読んでいて、何度もそう感じさせられた。ケイゾーの紡《つむ》ぐ文章は一文が短く、歯切れがいい。テンポよく、物語を綴《つづ》っていく。共同通信が配信する記事は、限られた行数の中で、起こった事実を正確に伝える。そういう原稿を書き続けた長年の研鑽《けんさん》が、ケイゾーの文章を研ぎ澄ませてきたのだろう。

そんなことを実感できるのは、たとえば自分がすでに書いた場面をケイゾーも書いているときだったりする。これだけ同じ現場で取材をしてくれば、同じ場面に遭遇することはしばしば起こる。ところが、自分が書いた文章と、ケイゾーの綴る文章では、印象がまったく違うのだ。

たとえば2001年、アメリカを襲った同時多発テロのときには、ケイゾーとともにアナハイムでマリナーズを取材していた。ニューヨークが悲劇に包まれているというのに、カリフォルニアには一見、穏やかな時間が流れていた。マリナーズの試合は中止となり、イチローはジョギングに出掛けた。ケイゾーとともにイチローを追いかけた。走るイチローを見ながら、いつになるのかもわからないシーズン再開に備えて走っているのだと感じていた。ところがケイゾーはこのシーンを、本の中でこう書いている。

『シーズン打ち切りが発表されても、彼は走っていただろう。』

今になれば、そう思う。あのときのイチローを突き動かした感情は、そんな近視眼的な想いではなかっただろう。

２００２年のオールスターゲームで、イチローがマニー・ラミレスにアドバイスをしていたというエピソードについても描いたことがある。野球の技術を文字にするのはとても難しいため、イチローとラミレスが動作で理解し合った事実をどう書くのか、腐心した。しかしケイゾーは、くどくなりがちな技術論を、短く、的確に表現している。そして、バッターのタイプとしては対照的に見える二人の共通点が、タイミングを取るポイントが足にあるところだというケイゾーの視点は新鮮で、イチローにしつこく食い下がったラミレスの行動に説得力を持たせてくれる。

２００４年のオフ、クーパーズタウンを訪ねた直後、マンハッタンのある和食職人の店でイチローが残した一言。この言葉も、一緒に聞いていたのだが、ケイゾーはその言葉を、重圧から解放されることのないイチローの、心の叫びとして捉《とら》えた。単なる職人への敬意ではなく、自らの葛藤を重ね合わせた言葉だと感じ取ったこともまた、さすがの洞察力だと思う。

つまり、ケイゾーは職人なのだ。

この本を書くまで、5年にわたって溜《た》め込んだタンスの中のエピソードを、必要なときに、必要なだけ、引き出しの中から引っ張り出してきて、効果的に読ませる。これは、イチローの物語というだけではなく、イチローを見続けてきたケイゾーの物語でもある。イチローの5年間をつぶさに見つめてきたケイゾーが、イチローってこうだよ、という物語を紡ぐ。イチローはこういう生き方を志し、こんな重圧の中で戦い、こういう肉体を作り上げ、こんな準備をして、こういう暮らしの中で、こんな気持ちを抱いているというそれぞれの物語を、時系列ではなく、ケイゾーというフィルターを通して、綴っていく。

職人が大好きな果物を集めて、それらを吟味し、一つずつ丁寧に搾《しぼ》る。それぞれの果物の風味を失わないように、ていねいに混ぜる。やがて、入魂の作品は透明のグラスに注がれ、読者のもとに差し出される。まさに、世界に一杯しかない、〝ケイゾー風、ミックスジュース〟——。

『イチローの流儀』は、そんな一冊だと思っている。

（二〇〇九年二月、ベースボールジャーナリスト）

三塁打	本塁打	打点	得点	四死球	三振	盗塁	打率
0	0	5	9	3	11	3	0.253
0	1	3	4	2	7	0	0.188
5	13	54	111	61	53	29	0.385
4	25	80	104	86	52	49	0.342
4	16	84	104	65	57	35	0.356
4	17	91	94	66	36	39	0.345
3	13	71	79	50	35	11	0.358
2	21	68	80	52	46	12	0.343
1	12	73	73	58	36	21	0.387
23	**118**	**529**	**658**	**443**	**333**	**199**	**0.353**
8	8	69	127	38	53	56	0.350
8	8	51	111	73	62	31	0.321
8	13	62	111	42	69	34	0.312
5	8	60	101	53	63	36	0.372
12	15	68	111	52	66	33	0.303
9	9	49	110	54	71	45	0.322
7	6	68	111	52	77	37	0.351
7	6	42	103	56	65	43	0.310
64	**73**	**469**	**885**	**420**	**526**	**315**	**0.331**
87	**191**	**998**	**1543**	**863**	**859**	**514**	**0.340**

イチロー　公式戦全記録

年度	所属チーム	試合数	打数	安打	単打	二塁打
1992	オリックス	40	95	24	19	5
1993	〃	43	64	12	9	2
1994	〃	130	546	210	151	41
1995	〃	130	524	179	127	23
1996	〃	130	542	193	149	24
1997	〃	135	536	185	133	31
1998	〃	135	506	181	129	36
1999	〃	103	411	141	91	27
2000	〃	105	395	153	118	22
日本合計		**951**	**3619**	**1278**	**926**	**211**
2001	マリナーズ	157	692	242	192	34
2002	〃	157	647	208	165	27
2003	〃	159	679	212	162	29
2004	〃	161	704	262	225	24
2005	〃	162	679	206	158	21
2006	〃	161	695	224	186	20
2007	〃	161	678	238	203	22
2008	〃	162	686	213	180	20
メジャー合計		**1280**	**5460**	**1805**	**1471**	**197**
総計		**2231**	**9079**	**3083**	**2397**	**408**

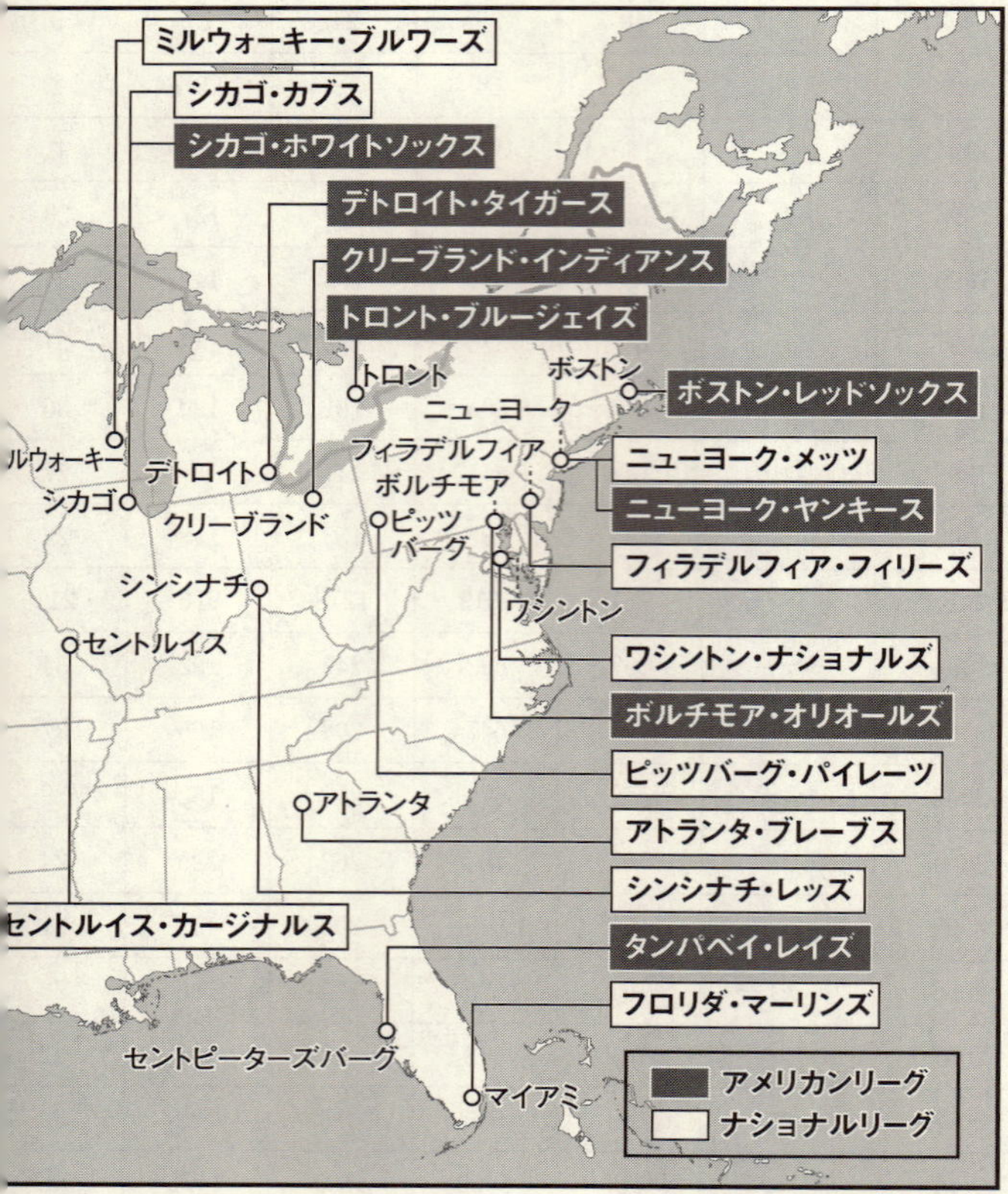
ミルウォーキー・ブルワーズ
シカゴ・カブス
シカゴ・ホワイトソックス
デトロイト・タイガース
クリーブランド・インディアンス
トロント・ブルージェイズ
トロント
ボストン
ボストン・レッドソックス
ニューヨーク
フィラデルフィア
ニューヨーク・メッツ
ルウォーキー
デトロイト
ボルチモア
シカゴ
クリーブランド
ニューヨーク・ヤンキース
ピッツ
バーグ
フィラデルフィア・フィリーズ
シンシナチ
ワシントン
セントルイス
ワシントン・ナショナルズ
ボルチモア・オリオールズ
ピッツバーグ・パイレーツ
アトランタ
アトランタ・ブレーブス
シンシナチ・レッズ
セントルイス・カージナルス
タンパベイ・レイズ
フロリダ・マーリンズ
セントピーターズバーグ
マイアミ
アメリカンリーグ
ナショナルリーグ

球団名は2009年現在

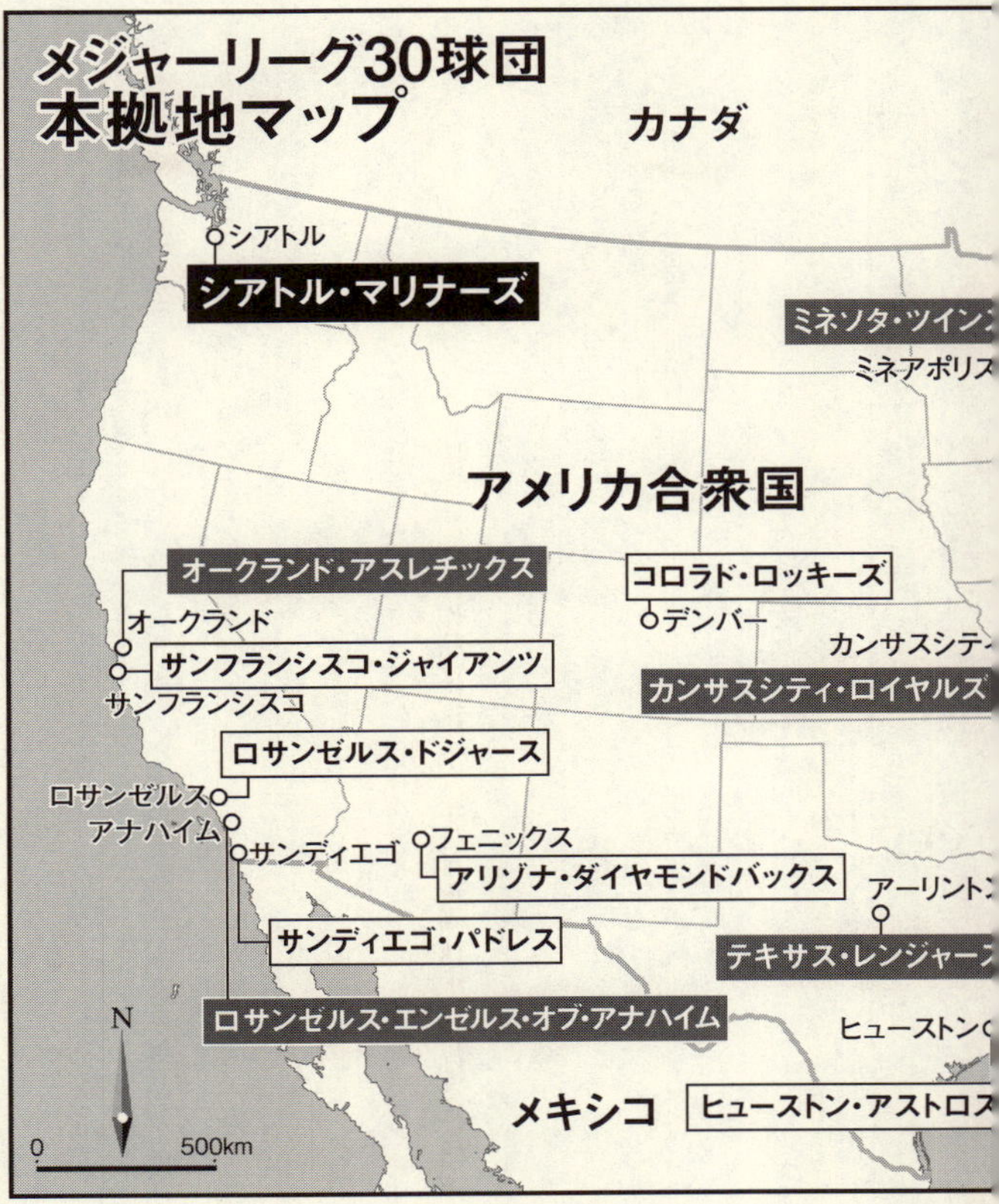
メジャーリーグ30球団
本拠地マップ
カナダ
シアトル
シアトル・マリナーズ
ミネソタ・ツイン
ミネアポリ
アメリカ合衆国
オークランド・アスレチックス
コロラド・ロッキーズ
オークランド
デンバー
カンサスシテ
サンフランシスコ・ジャイアンツ
カンサスシティ・ロイヤルズ
サンフランシスコ
ロサンゼルス・ドジャース
ロサンゼルス
アナハイム
サンディエゴ
フェニックス
アリゾナ・ダイヤモンドバックス
アーリント
サンディエゴ・パドレス
テキサス・レンジャー
ロサンゼルス・エンゼルス・オブ・アナハイム
ヒューストン
N
メキシコ
ヒューストン・アストロ
0
500km

この作品は平成十八年三月新潮社より刊行された。

新潮文庫編　文豪ナビ　芥川龍之介

カリスマシェフは、短編料理でショーブする——現代の感性で文豪の作品に新たな光を当てる、驚きと発見に満ちた新シリーズ。

芥川龍之介著　羅　生　門・鼻

王朝の説話物語にあらわれる人間の心理に、近代的解釈を試みることによって己れのテーマを生かそうとした〝王朝もの〟第一集。

芥川龍之介著　地獄変・偸盗《ちゆうとう》

地獄変の屛風を描くため一人娘を火にかけて芸術の犠牲にし、自らは縊死する異常な天才絵師の物語「地獄変」など〝王朝もの〟第二集。

芥川龍之介著　蜘蛛《くも》の糸・杜子春

地獄におちた男がやっとつかんだ一条の救いの糸をエゴイズムのために失ってしまう「蜘蛛の糸」、平凡な幸福を讃えた「杜子春」等10編。

芥川龍之介著　奉　教　人　の　死

殉教者の心情や、東西の異質な文化の接触と融和に関心を抱いた著者が、近代日本文学に新しい分野を開拓した〝切支丹もの〟の作品集。

芥川龍之介著　河童・或阿呆《あるあほう》の一生

珍妙な河童社会を通して自身の問題を切実にさらした「河童」、自らの芸術と生涯を凝縮した「或阿呆の一生」等、最晩年の傑作6編。

新潮文庫編

文豪ナビ 山本周五郎

乾いた心もしっとり。涙と笑いのツボ押し名人——現代の感性で文豪作品に新たな光を当てた、驚きと発見がいっぱいの読書ガイド。

山本周五郎著

虚空遍歴（上・下）

侍の身分を捨て、芸道を究めるために一生を賭けて悔いることのなかった中藤冲也——苛酷な運命を生きる真の芸術家の姿を描き出す。

山本周五郎著

ちいさこべ

江戸の大火ですべてを失いながら、みなしご達の面倒まで引き受けて再建に奮闘する大工の若棟梁の心意気を描いた表題作など4編。

山本周五郎著

赤ひげ診療譚

貧しい者への深き愛情から〝赤ひげ〟と慕われる、小石川養生所の新出去定。見習医師との魂のふれあいを描く医療小説の最高傑作。

山本周五郎著

樅ノ木は残った

毎日出版文化賞受賞（上・中・下）

仙台藩主・伊達綱宗の逼塞。藩士四名の暗殺と幕府の罠——。伊達騒動で暗躍した原田甲斐の人間味溢れる肖像を描き出した歴史長編。

山本周五郎著

人情武士道

昔、縁談の申し込みを断られた女から夫の仕官の世話を頼まれた武士がとる思いがけない行動を描いた表題作など、初期の傑作12編。

新潮文庫編

文豪ナビ　三島由紀夫

時代が後から追いかけた。そうか！　早すぎたんだ——現代の感性で文豪の作品に新たな光を当てる、驚きと発見に満ちた新シリーズ。

三島由紀夫著

仮面の告白

女を愛することのできない青年が、幼年時代からの自己の宿命を凝視しつつ述べる告白体小説。三島文学の出発点をなす代表的名作。

三島由紀夫著

禁色

女を愛することの出来ない同性愛者の美青年を操ることによって、かつて自分を拒んだ女達に復讐を試みる老作家の悲惨な最期。

三島由紀夫著

潮騒（しおさい）

新潮社文学賞受賞

明るい太陽と磯の香りに満ちた小島を舞台に海神の恩寵あつい若くたくましい漁夫と、美しい乙女が奏でる清純で官能的な恋の牧歌。

三島由紀夫著

金閣寺

読売文学賞受賞

どもりの悩み、身も心も奪われた金閣の美しさ——昭和25年の金閣寺焼失に材をとり、放火犯である若い学僧の破滅に至る過程を抉る。

三島由紀夫著

春の雪

（豊饒の海・第一巻）

大正の貴族社会を舞台に、侯爵家の若き嫡子と美貌の伯爵家令嬢のついに結ばれることのない悲劇的な恋を、優雅絢爛たる筆に描く。

J・アーヴィング
筒井正明訳

ガープの世界
全米図書賞受賞（上・下）

巧みなストーリーテリングで、暴力と死に満ちた世界をコミカルに描く、現代アメリカ文学の旗手J・アーヴィングの自伝的長編。

J・アーヴィング
中野圭二訳

ホテル・ニューハンプシャー
（上・下）

家族で経営するホテルという夢に憑かれた男と五人の家族をめぐる、美しくも悲しい愛のおとぎ話――現代アメリカ文学の金字塔。

ヴェルヌ
波多野完治訳

十五少年漂流記

嵐にもまれて見知らぬ岸辺に漂着した十五人の少年たち。生きるためにあらゆる知恵と勇気と好奇心を発揮する冒険の日々が始まった。

J・ウエブスター
岩本正恵訳

あしながおじさん

孤児院育ちのジュディが謎の紳士に出会い、ユーモアあふれる手紙を書き続け――最高に幸せな結末を迎えるシンデレラストーリー！

モンゴメリ
村岡花子訳

赤毛のアン
―赤毛のアン・シリーズ1―

大きな眼にソバカスだらけの顔、おしゃべりが大好きな赤毛のアンが、夢のように美しいグリン・ゲイブルスで過した少女時代の物語。

S・キング
山田順子訳

スタンド・バイ・ミー
―恐怖の四季　秋冬編―

死体を探しに森に入った四人の少年たちの、苦難と恐怖に満ちた二日間の体験を描いた感動編「スタンド・バイ・ミー」。他1編収録。

北村薫著　スキップ

目覚めた時、17歳の一ノ瀬真理子は、25年を飛んで、42歳の桜木真理子になっていた。人生の時間の謎に果敢に挑む、強く輝く心を描く。

北村薫著　ターン

29歳の版画家真希は、夏の日の交通事故の瞬間を境に、同じ日をたった一人で、延々繰り返す。ターン。ターン。私はずっとこのまま？

北村薫著　リセット

昭和二十年、神戸。ひかれあう16歳の真澄と修一は、再会翌日無情な運命に引き裂かれる。巡り合う二つの《時》。想いは時を超えるのか。

梨木香歩著　西の魔女が死んだ

学校に足が向かなくなった少女が、大好きな祖母から受けた魔女の手ほどき。何事も自分で決めるのが、魔女修行の肝心かなめで……。

梨木香歩著　からくりからくさ

祖母が暮らした古い家。糸を染め、機を織る、静かで、けれどもたしかな実感に満ちた日々。生命を支える新しい絆を心に深く伝える物語。

中沢けい著　楽隊のうさぎ

吹奏楽部に入った気弱な少年は、生き生きと変化する——。忘れてませんか、伸び盛りの輝きを。親たちへ、中学生たちへのエール！

新潮文庫最新刊

新潮文庫最新刊

三川みり著
龍ノ国幻想1
神欺く皇子
皇位を目指す皇子は、実は女！　一方、その身を偽り生き抜く者たち――命懸けの「嘘」で建国に挑む、男女逆転宮廷ファンタジー。

津野海太郎著
最後の読書
読売文学賞受賞
目はよわり、記憶はおとろえ、蔵書は家を圧迫する。でも実は、老人読書はこんなに楽しい！　稀代の読書人が軽やかに綴る現状報告。

石井千湖著
文豪たちの友情
文学史にその名の轟く文豪たち。彼らの人間関係は友情に留まらぬ濃厚な魅力に満ちていた。文庫化に際し新章を加え改稿した完全版。

野村　進著
出雲世界紀行
―生きているアジア、神々の祝祭―
出雲・石見・境港。そこは「心の根っこ」につながっていた！　歩くほどに見えてくる、アジアにつながる多層世界。感動の発見旅。

髙山正之著
変見自在
習近平は日本語で脅す
尖閣領有を画策し、日本併合をも謀る習近平。ところが赤い皇帝の喋る中国語の70％以上は日本語だった！　世間の欺瞞を暴くコラム。

永野健二著
経営者
―日本経済生き残りをかけた闘い―
中内㓛、小倉昌男、鈴木敏文、出井伸之、柳井正、孫正義――。日本経済を語るうえで欠かせない、18人のリーダーの葛藤と決断。

イチローの流《りゅう》儀《ぎ》

新潮文庫　こ－46－1

平成二十一年四月一日発行
令和三年九月十五日十九刷

著者　小《こ》西《にし》慶《けい》三《ぞう》
発行者　佐藤隆信
発行所　株式会社　新潮社
郵便番号　一六二—八七一一
東京都新宿区矢来町七一
電話 編集部(〇三)三二六六—五四四〇
読者係(〇三)三二六六—五一一一
http://www.shinchosha.co.jp

価格はカバーに表示してあります。
乱丁・落丁本は、ご面倒ですが小社読者係宛ご送付ください。送料小社負担にてお取替えいたします。

印刷・株式会社光邦　製本・株式会社大進堂

ISBN978-4-10-137371-3 C0175